William Shakespeare

VENUS UND ADONIS

TARQUIN UND LUKREZIA

William Shakespeare

VENUS UND ADONIS

TARQUIN UND LUKREZIA

Zwei Gedichte

Aus dem Englischen
von Heinrich Christoph Albrecht

Mit einem Nachwort
von Burkhard Müller

Zweisprachige Ausgabe

Bibliotheca Anna Amalia

Süddeutsche Zeitung **Edition**

Mit freundlicher Unterstützung
der Herzogin Anna Amalia Bibliothek
und der Kultur Stiftung in Weimar.

Die editorische Betreuung erfolgte
durch die Aufbau Verlagsgruppe.

aufbau
VERLAGSGRUPPE

Gestaltung: Eberhard Wolf
Grafik: Julia Wolf
Satz: Aufbau Verlagsgruppe GmbH, Berlin
Bild William Shakespeare: dpa
Pflanzenornament aus den Grisaille-Fenstern des Altenberger Doms,
genehmigt vom Altenberger Dom-Verein e.V., Bergisch Gladbach
Herstellung: H. Weixler, H. Schiffers
Druck und Bindearbeiten: Ebner & Spiegel, Ulm
Printed in Germany

ISBN: 978-3-86615-406-3

Venus und Adonis.

TO THE

RIGHT HONOURABLE

HENRY WRIOTHESLY,

EARL OF SOUTHAMPTON AND BARON

OF TICHFIELD.

Right Honourable!

I know not how I shall offend in dedicating my un-polish'd lines to Your Lordship, nor how the world will censure me for chusing so strong a prop, to support so weak a burthen; only, if Your Honour seem but pleased: I account myself highly praised, and vow to take advantage of all idle hours, till I have honoured You with some graver labour. But if the first heir of my invention prove deformed: I shall be sorry, it had so noble a God-Father, and never after care so barren a land for fear, it would yield me still so bad an harvest. I leave it to Your Honourable surveys and Your Honour to Your hearts content, which, I wish, may allways answer Your own wish and the world's hopefull expectation

YOUR HONOUR'S

IN ALL DUTY
WILLIAM SHAKESPEARE.

Dem
Hochgebornen Herrn
Heinrich Wriothesly,
Grafen von Southampton und Freiherrn
von Tichfield.

Hochgeborner Herr!

Ich weis nicht, ob ich Ew Gn. beleidigen werde, indem ich Ihnen diese ungefeilten Zeilen zueigne; auch weis ich nicht, was die Welt davon sagen wird, daß ich eine so starke Säule gewählet habe, um eine so schwache Last zu unterstützen; doch, wenn ich nur glauben darf, daß Ew. Gn. damit zufrieden sind: so schätze ich das so hoch, als wenn alle Welt mich rühmte, und gelobe alle müssigen Stunden zu benutzen, um Ihnen durch ein wichtigeres Werk meine Ehrerbietung zu bezeugen. Wenn aber dieser erste Erbe meiner Erfindungskraft ungestalt seyn wird: so werde ich nur bedauren, daß er einen so edlen Pathen gehabt hat; und werde mich ins künftige gar nicht mehr um ein so unfruchtbares Erdreich bekümmern, weil ich alsdann immer eine so schlechte Ernte davon befürchten werde. Ich überlasse dies Werkchen Ew. Gn. Durchsicht, und Ew. Gn. der Zufriedenheit Ihres Herzens, welche allezeit Ihrem eignen Wunsche und der hofnungsvollen Erwartung der Welt entsprechen möge

Ew. Gnaden

ganz gehorsamer
William Shakespeare.

Ev'n as the Sun, with purple-colour'd face,
Had ta'n his last leave of the weeping Morn
Rose-cheeked *Adonis* hied him to the chase:
Hunting he loved, but love he laugh'd to scorn.
  Sick-thoughted *Venus* makes amain unto him;
  And like a boldfaced suter 'gins to woo him.

Thrice fairer, than myself! (thus she began)
The fields chief flower! sweet above compare!
Stain to all Nymphs! more lovely than a man!
More white and red, than doves or roses are!
  Nature, that made thee with herself at strife,
  Saith, that the world has ending with thy life.

Vouchsafe, thou wonder! to alight thy steed,
And reign his proud head to the sadle-bow.
If thou wilt deign this favour; for thy meed
A thousand honey secrets shalt thou know.
  Here come and sit, where serpent never hisses;
  And being set, I'll smother thee with kisses,

And yet not cloy thy lips with loathed satiety,
But rather famish them amidst their plenty,
Making them red and pale with fresh variety:
Ten Kisses short as one, one long as twenty.

Die Sonne gab mit purpurnem Gesicht
Den letzten Abschied der betränten Morgenröte,
Als schon zum Forst der rosenwangigte Adon
Hin eilte. – Jagd war stille Lust;
Der Liebe sanfter Glut hingegen spottet' er.
Von Sehnsucht krank naht Venus ihm,
Und buhlt um ihn mit kühnem Buhlerblick.

Dreimal so schön als ich, so fing sie an,
Des Feldes schönste Blum! – Was gleicht an Lieblichkeit
Dir, der die Nymphen all beschämt und alle Männer?
Nicht Tauben sind so weiß, nicht Rosen sind so rot.
Selbst die Natur, die, mit sich selbst weteifernd,
Dich bild'te, sagt: mit deinem Leben endet sich die Welt.

O steig, du Wunder! steig herab von deinem Hengst,
Und zäum sein stolzes Haupt an Sattelknopf!
Wenn du mir diese Gunst gewährst: so lehre
Zum Lohn ich tausend süße Heimlichkeiten dich.
Hier komm und setze dich, wo nie 'ne Schlange zischt.
O setz dich, da will ich
Mit Küssen dich ersticken.

Doch sollen deine Lippen nicht
Von Sättigung gefüllet eckeln:
Sie sollen hungern mitten in
Dem Ueberflus, der sie mit frischem Wechsel

A summer's day will seem an hour but short,
Being wasted in such time-beguiling sport.

With this she seizeth on his sweating palm,
The president of pith and livelihood,
And, trembling in her passion, calls it balm,
Earth's sovereign salve to do a Goddess good.
Being so enrag'd, desire doth lend her force
Couragiously to pluck him from his horse.

Over one arm the lusty courser's reign,
Under the other was the tender boy,
Who blushed and pouted in a dull disdain,
With leaden appetite, unapt to toy,
She red and hot as cools of glowing fire
He red for shame, but frosty in desire.

The studded bridle on a ragged bough
Nimbly she fastens (o how quick is love!)
The steed is stalled up and even now
To tie the rider she begins to prove.
Backward she push'd him, as she would be thrust,
And govern'd him in strength, though not in lust.

So soon was she along, as he was down,
Each leaning on their elbows and their hips;
Now doth she stroke his cheek, now doth he frown
And 'gins to chide, but soon she stops his lips;

Erblassen und erröten macht;
Zehn Küsse kurz als einer, einer lang als zwanzig.
Ein Sommertag, volbracht
In solcher zeitberückenden Belustigung,
Wird eine kurze Stunde scheinen.

Hiemit ergrif sie seine schweisbetriefte Hand,
Voll Mark und Lebensstärke;
Und, zitternd von der heissen Leidenschaft,
Nennt sie sie Balsam und die einzge Salbe
Der Erde, fähig eine Göttin zu erquicken. – – –
Und, so entbrannt, verleiht ihr die Begierde Kraft,
Ihn mutiglich vom Pferd zu ziehn.

Des raschen Renners Zügel hing
Ihr über einem Arm, und unterm andern
Errötete der zarte Knabe,
Und warf in törigter Verachtung
Die Lippen auf und schmollte,
Mit bleierner Begierde, ungeschickt
Zum Tändelspiel der Liebe. – – –
Sie heiß und rot wie Kohlen glüh'nden Feuers;
Er rot von Scham, doch frostig von Begierde.

Nun festet sie den wohlgeschmückten Zügel schnell
(Wie ist die Liebe schnell!) an einen rauhen Ast.
Das Pferd ist angebunden, nun beginnt
Sie den Versuch auch mit dem Reuter.
Sie stieß ihn rückwärts, (wie so gerne
Wär sie von ihm also zurückgestossen!)
Und er gab ihrer Stärke nach, nicht ihrer Lust.

So bald er lag, war sie auch neben ihm.
Nun lagen beide da, auf Ellenbogen
Und Hüften hingelehnt.
Wie streichelt sie nun seine Wange!

And kissing speaks in lustful language broken:
If thou wilt chide, thy lips shall never open.

He burns with bashfull shame, she with her tears
Doth quench the maiden burning of his cheeks:
Then with her windy sighs, and golden hairs
To fan and blow them dry again she seeks.
He sais, she is immodest, blames her miss;
What follows more she smothers with a kiss.

Even as an empty eagle, sharp by faste,
Tires with her beak on feathers, flesh and bone,
Shaking her wings, devouring all in haste,
Till either gorge be stuft, or prey be gone:
Ev'n so she kiss'd his brow, his cheek and chin
And where she ends she doth anew begin.

Forc'd to consent, but never to obey,
Panting he lies, and breathing in her face:
She feedeth on the steam, as on a prey,
And calls it heav'nly moisture, air of Grace,
Wishing her cheeks were gardens full of flowers,
So they were dew'd with such distilling showers.

Er aber runzelt die erzürnte Stirn
Und fängt zu schmälen an; – flugs stopfet sie
Mit heissen Küssen seinen Mund und sagt
In den gebrochnen wollustvollen Tönen
Der Liebe: Wenn du schmälen willst,
Dann sollen deine Lippen nie sich öfnen.

Er glüht von blöder Scham,
Sie löscht mit ihren Thränen
Der Wangen jungfräuliche Glut.
Dann haucht mit luftgen Seufzern
Sie weg die Thränen, trocknet sie
Mit ihren goldnen Haren ab;
Er nennt sie unbescheiden, schilt sie eine Dirne,
Was weiter folgen soll,
Erstickt sie schnell mit einem Kus. – – –

So wie ein Adler, dessen leeren Magen
Der Hunger kneipt, mit giergem Schnabel
Gefieder und Gebein und Fleisch zerreist,
Die Flügel schüttelnd bey dem hast'gen Fras,
Bis er den leeren Kropf gefüllet oder
Den Raub verzehrt, so küste sie
Die Wangen ihm, die Stirn, das Kin,
Und wo sie endete, fing sie von neuem an.

Gezwungen das zu leiden,
Nie aber willig zu gehorchen, liegt er da
Und keucht, und schnaubt ihr ins Gesicht.
Sie weidet an dem Hauche sich,
Als an 'ner Beute, nennt ihn Athem
Der Grazien und Himmelsduft und wünscht,
Daß ihre Wangen Gärten wären vol
Von Blumen um betau't zu werden
Mit Tropfen solchen Taues. – – –

Look, how a bird lies tangled in a net,
So fasten'd in her arms Adonis lies:
Pure shame and aw'd resistance made him fret;
Which bred more beauty in his angry eyes.
Rain added to a river that is rank,
Perforce will force it overflow its bank.

Still she entreats, and prettily entreats:
For to a pretty ear she tunes her tale,
Still he is sullen, still he lowers and frets
'Twixt crimson shame and anger ashie pale.
Being red she loves him best and being white,
Her breast is betterd with a more delight.

Look, how he can, she cannot chuse but love,
And by her fair immortal hand she swears
From his soft bosom never to remove,
Till he take truce withe her contending tears
Which long have rain'd, making her cheeks all wet
And one sweet kiss shall pay this countless debt.

Upon this promise he did raise his chin,
Like a dive dapper, peering through a wave,
Who being look'd on ducks as quickly in:
So offers he to give what she did crave
But when his lips were ready for his pay
He winks and turns his lips another way.

Sieh! wie ein Vögelein im Nez
Verwickelt liegt, so liegt Adon
In ihren Armen eingeschlungen.
Scheu, Widerstand und reine Schaam
Verdüstern seinen Blick, und eben dieß
Zeugt noch mehr Schön' in den erzürnten Augen.
Ein voller Flus, durch Regen noch
Bereichert, muß notwendig überfließen.

Noch immer bittet sie, und bittet schön;
Denn ihre Worte tönen in ein schönes Ohr;
Noch immer zürnt er, runzelt seine Stirn
Und schmollt, die Wangen wechselsweise
Von purpurfarbner Scham
Und aschenbleichem Zorn gefärbt.
Rot liebt sie ihn am meisten;
Und wird er blaß, fühlt ihre Brust
Ein grösseres Vergnügen.

Blaß oder rot, sie muß ihn lieben,
Und schwört bey ihrer schönen
Unsterblichen Hand,
Von seinem sanften Busen nie zu weichen,
Bis er mit ihren streitenden Tränen,
Die lange regnend ihre Wangen übernäßten,
Den Waffenstillstand schließt,
Und bis ein süßer Kuß
Die zahlenlose Schuld bezahlt.

Auf dieses Wort erhebt er nun sein Kin.
So wie Taucher durch die Wellen bohrt,
Und, wenn man nach ihm blickt,
Schnell wieder untertaucht;
So bietet er ihr dar, was sie erbat.
Die Lippen waren jezt bereit,
Die süße Schuld zu zahlen, jezt

Never did passenger in summer's heat
More thirst for drink, than she for this good turn;
Her help she sees, but help she cannot get,
She baths in water, yet in fire must burn.
Oh! pity! can she cry, flint-hearted boy!
'Tis but a kiss I beg, why art thou coy?

I have been woo'd, as I intreat thee now,
Even by the stern and direfull God of war,
Whose sinowy neck in battel ne'er did bow,
Who conquers, where he comes, in every Jar:
Yet hath he been my captive and my slave
And begg'd for that which thou unask'd shalt have.

Over my altars hath he hung his lance,
His batter'd shield, his uncontrolled crest;
And for my sake hath learn'd to sport and dance,
To coy, to wanton, dally, smile and jest,
Scorning his churlish drum and ensign red
Making my arms his field his tent my bed.

Thus him, that over-rul'd, I over-sway'd
Leading him prisoner in a red rose chain,

Schlägt er die Augen nieder
Und – wendet seine Lippen weg.

Nie schmachtete in Sommerhitz' ein Wanderer
Nach einem Trunk so sehr, als sie
Nach dieser guten Wendung. Ihre Hülfe muß
Sie sehn und kann sie nicht erreichen;
In Wasser badet sie und muß
In Feuer brennen. –
O! Mitleid! schluchzt sie, kieselherz'ger Junge!
Ich bitte nur um einen Kuß. – – –
Warum bist du so spröd?

Wie ich um dich jezt werbe,
So warb um mich der ernst' und hehre Gott
Des Kriegs, der in der Schlacht noch nie
Den sehnenstraffen Nacken bog,
Der sieget, wo er kommt,
In jeder Fehd: doch war er mein
Gefangener, mein Sklave, und erflehte,
Was dir ich ungefodert biete.

An meinen Altar hängt' er seine Lanze,
Und den zerhaunen Schild,
Den stolzen Helmenschmuck,
Der jedem Starken trozte.
Um meinetwillen lernt er tanzen
Und tändeln, lächeln und scherzen,
Und all die spielenden Launen der Liebe,
Verachtete die rauhe Trommel
Und rote Fahn'; sein Schlachtfeld sucht' er
In meinen Armen, und mein Bette ward
Sein Zelt. – So herscht' ich über den Beherscher.

Und führte ihn gefangen,
An einer Rosenkette gefesselt. –

Strong temper'd steel his stronger strength obey'd;
Yet he was servile to my coy disdain.
  Oh! be not proud, nor brag not of thy might
  For mastring her, that foil'd the God of Fight.

Touch but my lips with those fair lips of thine,
Though mine be not so fair, yet they are red,
The kiss shal be thine own, as well as mine.
What see'st thou in the ground? hold up thy head:
  Look in mine Eyeballs, where thy beauty lies:
  Then, why not lips on lips, since eyes on eyes?

Art thou asham'd to kiss? Then wink again,
And I will wink; so shall the day seem night:
Love keeps his revels where there are but twain.
Be bold to play, our sport is not in sight
  These blew-vein'd violets whereon we lean.
  Never can blab, nor know they what we mean.

The tender spring upon thy tempting lip
Shews thee unripe; yet may'st thou well be tasted.
Make use of time, let no advantage slip;
Beauty within itself would not be wasted.
  Fair flowers that are not gather'd in their prime
  Rot, and consume themselves in little time.

Der starke Stahl gehorchte seiner
Noch grössern Stärke; – doch schmiegt er sich,
Wenn ich ihn spröd verschmähte. –
O! sei nicht stolz! pral' nicht
Mit deiner Macht, daß die von dir besiegt,
Die einst den Gott der Schlachten überwand. –

Berühr mit deinen schönen Lippen nur
Einmal die meinen; sie sind doch
Auch rot, wenn gleich so schön
Nicht als die deinen. –
Der Kus wird dein sowol als meine seyn. –
Was siehst du auf den Boden?
Heb auf dein Köpfchen, sieh mir in die Augen:
Da liegt dein schönes Bild. –
Sieh! Aug' auf Aug', warum nun nicht
Auch Lipp' auf Lippe?

Schämst du dich wol zu küssen? –
So thu' die Augen zu; ich thu' es auch:
Dann wird der Tag uns Nacht. –
Die Lieb genießet ihre Freuden gern
Wo nur Ein Pärchen ist. – Darum
Sei kühn im Spiel, denn unsre Freuden sind
Ja ungesehn. Die blauen Veilchen hier,
Worauf wir liegen, können nichts
Ausplaudern, wissen gar
Nicht was wir wollen.

Der zarte Frühling, der
Auf deiner schönen Lippe reizt,
Beweist, daß deine Blüte noch
Die Reife nicht erlangt:
Doch darfst du wol gekostet werden.
Benutze ja die Zeit, las nie
Gelegenheit entschlüpfen. –

Were I hard-favour'd, foul, or wrinkled old,
Ill-natur'd, crooked, churlish, hard in voice,
O'er-worn, despised, rheumatick and cold,
Thick-sighted, barren, lean and lacking juice
Then mightst thou pause, for then I were not for thee;
But, having no defects, why dost abhor me?

Thou canst not fee one wrinkle in my brow,
Mine eyes are gay and bright, and quick in turning,
My beauty, as the spring, doth gearly grow,
My flesh is soft and plump, my marrow burning;
My smooth, moist hand, were it with thy hand felt,
Would in thy palm dissolve or seem to melt.

Bid me discourse, I will enchante thine ear,
Or like a Fairy trip upon the green
Or like a Nymph, with long dishevel'd hair,
Dance on the sands and yet no footing seen.
Love is a spirit, all compact of fire
Not gross to sink, but light and will aspire.

Nie werde Schönheit in sich selbst
Verwüstet; schöne Blumen,
Die man nicht in der Blüte pflückt,
Verzehren sich und faulen hin
In kurzer Zeit. –

Trüg ich
Des Alters Runzeln, oder wäre
Krum, ungestalt, und roher Sitten;
Wär meine Stimme rauh, verrieten die
Entstellenden, verzerten Mienen des
Triefäugigen Gesichts
Die schleichenden, verborgnen Seuchen,
Die an dem hagern
Saftlosen Körper nagten:
Dann mögtest du mich fliehn,
Dann wär ich nicht für dich.
Doch da ich dieser Mängel keinen habe
Warum verschmähst du mich?

Siehst du auf meiner Stirn nur eine Runzel? –
Mein Aug ist hell und rasch und munter,
Dem Frühling gleich, erneu't
Sich meine Schönheit alle Jahr;
Mein Fleisch ist sanft und feist,
Und brennend ist mein Mark;
Die runde weiche Hand, wenn sie
Die deine fühlte, würde drin
Zergehn und zu zerschmelzen scheinen.

Soll ich dir was erzählen?
Ich wolte schier dein Ohr bezaubern.
Soll ich, den Feen gleich,
Im grünen Grase hüpfen?
Soll ich, als eine Nymphe,
Mit aufgelöstem, langen Haar,

Witness this primrose bank, whereon I lye,
The forceless flowers, like sturdy trees support me:
Two strengthless doves will draw me through the sky
From morn till night, even where I list to sport me.
Is love so light, sweet boy, and may it be
That thou shouldst think it heavy unto thee?

Is thine own heart to thine own face affected?
Can thy right hand seize love upon thy left?
Then woo thyself, be of thyself rejected,
Steal thine own freedom and complain of theft:
Narcissus so himself himself forsook,
And dy'd to kiss his shadow in the brook.

Torches are made to light, jewels to wear,
Dainties to taste, fresh beauty for the use,
Herbs for their smell, and sappy plants to bear;
Things growing to themselves are growth's abuse,
Seeds spring from seeds, and beauty breedeth beauty;
Thou wert begot, to get it is thy duty.

So leicht im Sande tanzen, daß
Dem schärfsten Aug die Spur
Nicht sichtbar ist? – Die Liebe ist ein Geist,
Aus Feuer ganz gebildet,
Nicht schwer zum Sinken, sondern leicht zum Schweben.

Sieh das an dieser Veilchenbank
Worauf ich lieg'. Die schwachen Blumen,
Sie tragen mich wie starke Bäume;
Und zwey machtlose Tauben ziehn
Mich durch die Luft vom Morgen bis zum Abend,
Wo auch ich mich ergözen will. –
So leicht ist, lieber Junge!
So leicht die Lieb', – wie glaubst du nun
Sie eine Last für dich?

Liebt wol dein Herz dein eigenes
Gesicht? Kann deine rechte Hand!
Lieb' auf die linke drücken? –
So bule um dich selbst
Und werde von dir selbst verschmäht;
Stiehl deine Freiheit selbst
Und klag dann über Dieberey. –
So täuschte einst Narzissus sich,
Und starb, um seinen Schatten
Im Bach zu küssen. – – –

Zum Leuchten macht man Fackeln,
Den Finger schön zu schmücken den
Juwelen Ring, und Leckereien um
Den Gaum zu küzeln; so ist auch
Die frische Schönheit um gebraucht zu werden da. –
Die Kräuter dienen dem Geruch,
Saftvolle Pflanzen tragen Frucht;
Was aber für sich selbst nur wächst,
Misbraucht des Wachstums Kräfte.

Upon the earth's increase why shouldst thou feed,
Unless the earth with thy increase be fed?
By law of Narure thou art bound to breed,
That thine may live', when thou thyself art dead
And so in spight of Death thou dost survive
In that thy likeness still is left alive.

By this the lovesick Queen began to sweat;
For where they lay, the shadow had forsook them,
And Titan, tired in the mid-day heat,
With burning eye did hotly overlook them,
Wishing Adonis had his team to guide,
So he were like him and by Venus's side.

And now Adonis with a lazy spright
And with a heavy, dark, disliking eye
His lowring brows o'erwhelming his fair fight,
Like misty vapours when they blot the sky,
Souring his cheeks, cries fie! no more of love,
The fun doth burn my face, I must remove.

Ah me! quoth Venus, young and so unkind!
What bare excuses makest thou to be gone?

Saat kommt von Saat und Schönheit zeuget Schönheit;
Du wardst gezeugt, und deine Pflicht
Ist, deines gleichen zeugen.

Denn warum solte dich
Der Erde Wachstum nären,
Wenn nicht die Erde auch
Dein Wachstum närte? Die Gesetze der
Natur verpflichten dich zur Zeugung,
Damit, wenn einst du nicht mehr bist,
Dein Nachkom lebe,
Und du also, dem Tod zum Troz,
Fort lebst in deinem Ebenbilde.

Der Schweis began der schönen Stirn
Der liebesiechen Liebesgöttin
Jezt zu entquillen. Denn
Der Schatten war dem Ort entwichen,
Wo sie mit ihrem Liebling lag;
Und Titan, von der Mittagshitze müd,
Schos einen glühnden Blick auf sie,
Und wünschte dem Adon
Die Zügel seines feurigen Gespanns
Und sich des Knaben Plaz. –

Pfuy! rief Adon, in trägem Mut,
Mit düsterm, unzufriednem Blicke, die
Herabgesenkten Augenbraunen überdeckten
Sein schönes Aug, wie Nebelwolken Maienluft;
Die Wange war in unzufriedne Falten
Verzogen. Pfuy! rief er, nichts von Liebe mehr!
Die Sonne brennt mir das Gesicht,
Ich muß hinweg. – – Weh mir, rief Venus,

So jung und schon so harten Herzens!
Welch kahl' Entschuldigung

I'll sigh coelestial breath whose gentle wind
Shall cool the heat of this descending sun;
  I'll make a shadow for thee of mine hairs,
  If they burn too, I'll quench them with my tears.

The sun that shines from heaven shines but warm,
And loe! I lye between the sun and thee!
The heat I have from thence doth little harm;
Thine eye darts forth the fire that burneth me
  And were I not immortal, life were done
  Between this heavenly and earthly sun.

Art thou obdurate, flinty, hard as steel?
Nay more than flint; for stone at rain relenteth.
Art thou a woman's son and canst not feel
What 'tis to love, how want of love tormenteth?
  Oh! had thy mother born so bad a mind;
  She had not brought forth thee, but died unkind.

What am I, that thou shouldst contemn me this?
Or what great danger dwells upon my sute?
What were thy lips the worse for one poor kiss?
Speak fair! but speak fair words, or else be mute,
  Give me one kiss, I'll give it thee again
  And one for intrest if thou wilt have twain.

Machst du um loszukommen?
Ich will dir Himmelsathem seufzen,
Des sanfter Hauch die Hitze
Der untergehnden Sonne kühlen wird;
Ich will von meinen Haaren einen Schatten dir
Bereiten; und ergreift auch sie die Glut:
So will ich sie mit meinen Tränen löschen.

Die Sonne dort am Himmel scheint
Nur warm; und sieh! ich liege zwischen dir
Und ihrem Strahl. Die Hitze die von dort
Mich brennt ist schwach: dein Auge sprüht
Das Feur, das mich durchbrennt;
Und wär ich nicht unsterblich, müste sich
Mein Leben zwischen dieser himlischen
Und irdschen Sonne enden. – – –

Bist du verhärtet, hart wie Stahl?
So unerweichlich wie ein Kiesel?
Ach! du bist härter noch als Stein:
Denn Stein erweicht der Regen. –
Du eines Weibes Sohn, und kanst nicht fühlen
Was lieben ist, und wie
Verschmähte Liebe kränkt? –
Hätt' deine Mutter so ein hartes Herz
Gehabt: sie hätte nimmer dich der Welt geschenkt.

Wer bin ich denn, daß du mir das verschmähst?
Und welche große Färlichkeit
Begleitet meine Bitte?
Was würde nun ein einziges
Armseelges Küschen deinen Lippen schaden?
Sprich, Schönster! Doch sprich schöne Worte;
Sonst sey nur lieber stumm. –
Gieb mir ein Küßchen,
Ich will dir 's wiedergeben;
Und wenn du zwei begehrst, auch eins zur Zinse. –

Fie! liveless picture, cold and senseless stone,
Well painted Idol, image dull and dead,
Statue, contenting but the eye alone,
Thing, like a man, but of no woman bred.
Thou art no man, tho' of a man's complexion,
For men will kiss e'en by their own direction.

This said, impatience shocks her pleading tongue,
And swelling passion doth provoke a pause;
Red cheeks and fiery eyes blaze forth her wrong;
Being judge in love, she cannot right her cause.
And now she weeps, and now she fain would speak
And now her sobs do her intendment break.

Sometimes she shakes her head, and then his hand,
Now gazeth she on him now on the ground;
Sometimes her arms infold him like a band,
She would, he will not in her arms be bound;
And when from thence he struggles to be gone,
She locks her lilly fingers one in one.

Fondling faith she, since I have hemmed thee here,
Within the circuit of this ivory pale
I'll be thy park and thou shalt be my deer;
Feed where thou wilt on mountain or in dale
Graze on my lips, and if those hills be dry
Stray lower, where the pleasant fountains lye.

Pfuy! du lebloses Bild! du kalter,
Empfindungsloser Stein!
Du schöngemahlt Gemälde!
Fühlloser todter Schatten,
Statue, die nur das Aug befriedigt!
Ding, wie ein Mann, das aber nie
Ein Weib gebahr. – Du bist kein Mann,
Wenn du gleich aussiehst wie ein Mann:
Denn Männer küssen gern aus eignem Triebe.

Hier hemmte Ungeduld
Ihr die beredte Zunge.
Die schwell'nde Leidenschaft heist sie einhalten.
Aus dem entflammten Aug, den roten Wangen leuchtet
Ihr tiefgekränkter Mut hervor. –
Sie, selbst in Liebessachen Richterin,
Kann nicht in eigner Sache sprechen. –
Sie weint, – jezt öfnet sie den Mund, – –
Das angefangne Wort wird auf der Zung ein Seufzer.

Bald schüttelt sie in stillem Gram
Ihr Haupt, dann seine Hand;
Blikt jezt auf ihn,
Jezt auf den Boden; oft umfalten
Ihn ihre Arme wie ein Band.
Sie band sich gern an ihn;
Doch er verschmäht das schöne Band,
Und strebt sich ihren Armen zu entwinden;
Sie aber schliest die Liljenfinger
Fest an einander und liebkosend sagt sie:

In diesem Zaum von Elfenbein
Hab ich dich eingesperrt, sey nun
Mein Hirsch, ich bin dein Park;
Auf Hügeln und im Tale, wo du willst,
Auf meinen Lippen magst du weiden;
Und sind die abgeweidet, geh hinunter
Ans Ufer jener angenehmen Quellen.

Within this limit is relief enough
Sweet bottom grass, and high, delightful plain,
Round rising hillocks, brakes obscure and rough
To shelter thee from tempest and from rain.
Then be my deer since I am such a park,
No dog shall rouze thee, tho' a thousand bark.

At this Adonis smiles as in disdain,
That in each cheek appears a pretty dimple,
Love made those hollows, if himself were slain,
He might be burried in a tomb so simple
Fore-knowing well, if there he came to lye,
Why, there love liv'd and there he could not aye.

Those loving caves, those round, enchanting pits
Open'd their mouths to swallow Venus's liking:
Being mad before how doth she now for wits?
Struck dead at first, what needs a second striking?
Poor Queen of love; in thine own laws forlorn,
To love a cheek that smiles at thee with scorn!

Now which way shall she turn? what shall she say?
Her words are done her woes the more encreasing:
The time is spent, her object will away
And from her twining arms doth urge releasing.
Pity! she cries, some favour! some remorse!
Away he springs and hasteth to his horse.

In dieser Gegend ist der süssen Weide gnug:
Sanft Talgras in den reizenden
Gefilden, rund erhobne Hügel,
Und dunkel, ungekünsteltes Gebüsch,
Um dich vor Regen und Gewitter
Zu schirmen. Sey mein Hirsch
In solchem Park: kein Hund soll je
Dich stören wenn auch tausend bellen.

Adonis lächelt drob verächtlich;
Zu jeder Wang' erschien ein reizend Grübchen,
So reizend, daß es schien als hätte sie
Der Gott der Liebe selbst gebildet,
Damit, wenn ihn der Tod einmal erschlüge,
Ihm diese schönen Hölen
Zum Grabe dienen möchten, wo gewis
Die Liebe nimmer sterben könnte.
Bezaubernd öfneten sie ihre runden Mäulchen
Aus denen Liebreiz athmete,
Um Venus Wohlgefallen zu verschlingen.

Sinnlos vorher, was soll sie nun
Vor gar zu vielem Sinn beginnen?
Vorher danieder schon geschlagen,
Brauchts eines zweiten Schlages noch? –
Du arme Königin der Liebe!
Verloren durch dein eigenes Gesez!
Gezwungen eine Wang zu lieben,
Die über dich verächtlich lächelt.

Welch Mittel wird sie nun ergreifen?
Die Wort entstehn ihr und ihr Weh
Wächst immer an. Die Zeit ist hin,
Und ihr Geliebter will davon.
Er windet sich von ihren fest
Um ihn geschlungnen Armen los.

But, loe! from forth a copp's that neighbours by
A breeding jennet, lusty, young and proud,
Adonis's trampling courser doth espy,
And forth she rushes, snorts and neighs aloud.
The strong-neck'd steed, being tied unto a tree
Breaketh his reign, and to her straight goes he.

Imperiously he leaps, he neighs, he bounds,
And now his woven girts he breaks asunder;
The bearing earth with his hard hoof he wounds,
Whose hollow womb resounds like heaven's thunder;
The iron bit he crushes 'tween his teeth,
Controlling that he was controlled with.

His ears upprick'd his braided hanging mane
Upon his compast crest now stands on end;
His nostrils drink the air and forth again.
As from a furnace, vapours doth he lend:
His eye, which scornfully glisters like fire,
Shews his hot courage, and his high desire.

Sometimes he trots, as if he told the steps
With gentle majesty and modest pride;
Anon he rears upright, curvets and leaps,

Gewähr mir doch nur eine Gunst aus Mitleid,
Dein hart Betragen zu vergüten!
Fort springt er seinem Pferde zu.

Doch, sieh! aus einem nachbarlichen
Gebüsche sah ein junges Mutterpferd
Den stampfenden Jagdhengst Adons,
Und rennet schnaubend
Und laut aufwiehernd fort.
Der Hengst, des starker Hals
An einen Baum gebunden ist,
Zerreist die Zügel und rennt straks zu ihr.

Er bäumt sich stolz und wiehert,
Zersprengt den stark gewirkten Gurt.
Schlägt mit dem harten Huf
Die Erde wund auf die er trit,
Daß, gleich des Himmels Donnern,
Ihr hohler Leib ertönt;
Zerknirscht mit seinen Zähnen
Das eiserne Gebis;
Und so bezwingt er das, was ihn bezwang.

Die Ohren aufgespizt,
Die schöngeflochtne Mäne, die
Noch eben glatt herunter hing,
Steht jezt empor auf seines Halses Bogen;
Die Luft schlürft er mit seiner Nasen ein
Und haucht, gleich einem Ofen, wieder
Den Dampf; sein Auge glüht
Wie Feur, und zeigt verächtlich funkelnd
Den heissen Mut und seine große Brunst.

Oft trit er mit bescheidnem Stolz
Und edler Majestät einher,
Als zählt' er jeden Schrit.

As who should say: Loe; thus my strength is try'd
   And thus I do to captivate the eye
   Of the fair breeder that is standing by.

What recketh he his rider's angry stir?
His flattring holla! or his stand I say?
What cares he now for curb or pricking spur?
For rich caparisons, or trappings gay?
   He sees his love, and nothing else he sees;
   For nothing else with his proud sight agrees.

Look when a painter would surpass the life,
In limning out a well proportion'd steed
His art with Nature's workmanship at strife,
[As if the dead the living should exceed;]
   So did his horse excell a common one
   In shape, in courage, colour, pace and bone.

Round hooft, short jointed, fetlocks shag and long
Broad breast, full eyes, head and nostrils wide,
High crest, short ears, straight legs and passing strong,
Thin mane, thick tail, broad buttock, tender hide.
   Look, what a horse should have, he did not lack,
   Save a proud rider on so proud a back.

Oft bäumt er sich und springt
Mit schlanken Wendungen herum,
Als wolt er sagen: Sieh!
So zeig' ich meine Stärke,
Und so will ich das Aug
Der schönen Stute fesseln.

Was achtet er des Reuters zorniges
Aufspringen? Was sein schmeichelnd Holla! sein
Gebietrisch: Steh! sag ich?
Was fragt er nun nach Zaum
Und scharfem Sporn, nach reicher Decke,
Und prächtigem Geschir?
Er sieht nur die Geliebte,
Und weiter nichts. Denn nichts als sie
Gefällt den stolzen Blicken. –

So wie, wenn mit der bildenden Natur
Weteifern wolt' ein Maler,
Und malt' ein Ros, so wolgestalt,
Daß er das Leben überträfe: –
So übertraf dies edle Ros
An Bildung, Farbe, Gang,
Und Stärke ein gewöhnlich Pferd.

Sein Huf war rund, die Fersen
Kurz angekettet und mit langem, krausen Haar,
Bewachsen, seine Brust war breit, das Auge voll;
Der Kopf war klein, und weit die Nasenlöcher,
Die Ohren kurz; vom hohen Kamme wall'te sanft
Die dünne Män' herab; die Schenkel waren grad
Und rasch, und dick der Schweif;
Der Hinterbug war breit und zart das Fell.
Kurz, was zu einem schönen Pferd gehört,
Das mangelte ihm nicht, als nur
Ein stolzer Reuter auf so stolzem Rücken. –

Sometimes he scuds far off and there he stares,
Anon he starts at stirring of a feather;
To bid the wind a base he now prepares,
And where he run or fly they know not whether.
For through his mane and tail the high wind sings
Fanning the hairs, which heave like feather'd wings.

He looks upon his love and neighs unto her;
She answers him as if she knew his mind;
Being proud as females are to see him woo her,
She puts on outward strangeness, seems unkind.
Spurns at his love, and scorns the heat he feels
Beating his kind embracement with her heels.

Then, like a melancholy malecontent,
He vails his tail, that like a falling plume,
Cool shadow to his melting buttocks lent;
He stamps, and bites the poor flies in his fume:
His love perceiving how he is enraged
Grew kinder, and his fury was asswaged.

His teasty master goes about to take him,
When, loe, the unback'd breeder, full of fear,
Jealous of catching, swiftly doth forsake him,
With her the horse, and left Adonis there.
As they were mad, unto the wood they hie them,
Out-stripping crows, that strive to overfly them.

Oft springt er fern hinweg,
Und gaffet scheu umher;
Ein andermal macht die Bewegung
Von einer Feder ihn zusammenfahren;
Nun will er schier im raschen Lauf den Wind beschämen,
Und wer ihn sieht weiß nicht
Ob, und wohin er laufe oder fliege;
Denn durch die Mänen und den Schweif
Zischt laut der hohe Wind,
Und fächelt ihre Haare, daß sie, als befiedert,
Gleich Flügeln in den Lüften schweben. –

Jezt sieht er die Geliebte an
Und wiehert ihr entgegen, sie
Antwortet, als verstünd' sie ihn. –
Stolz, wie die Weibsen sind, erfreut es sie,
Zu sehn, wie er um ihre Liebe
Demütig wirbt. Sie stellt sich streng und hart
Verachtet seine Glut, und schlägt,
Mit ihren Füssen seine brünstigen
Umarmungen. – Dann senket er
Schwermütig und gekränkt den langen Schweif,
Der wie ein Fittig durch die Lüfte fährt,
Und kühlen Schatten seinen schmelzenden,
Durchglüh'ten Schenkeln schaft.
Doch plözlich stampft er wütend,
Und beißt die armen Fliegen
In seinem Grimme: die Geliebte,
Die ihn so wüten sieht, wird milder;
Und seine Wut besänftigt sich.

Sein mürr'scher Herr indessen geht um ihn zu haschen;
Ihn sieht die unberitt'ne Stute,
Und läuft, besorgt erhascht zu werden,
Mit aller Eil der Furcht dahin;
Ihr nach der Hengst, und läst Adonis stehn.
Sie ranten, gleich wie toll, dem Walde zu,

All swolln with chasing, down Adonis sits,
Banning his boistrous and unruly beast.
And now the happy season once more fits.
That love-sick Love by pleading may be blest.
For lovers say, the heart has treble wrong
When it is barr'd the aidance of the tongue.

An oven that is stop'd, or river stay'd,
Burneth more hotly, swelleth with more rage:
So of concealed sorrow may be said:
Free vent of words loves fire doth asswage;
But where the heart's attorney once is mute,
The client breaks as desp'rate in his sute.

He sees her coming and begins to glow,
Even as a dying coal revives with wind;
And with his bonnet hides his angry brow,
Looks on the dull earth with disturbed mind,
Taking no notice that she is so nigh,
For all ascance he holds her in his eye.

Und übertrafen in dem raschen Lauf
Der Raben Flug, die sie
Zu überfliegen strebten.

Ganz aufgeschwellt vom Laufen sezt
Adon sich hin und flucht dem wilden,
Unbänd'gen Thiere. – Nun erbietet
Sich noch einmal die glückliche Gelegenheit,
Da sich die liebesieche Liebesgöttin
Durch Red' erleichtern mag.
Denn, wie die Liebenden versichern,
Fühlt dreifach Weh das Herz,
Wenn von der Zungen Hülf
Es abgesperret ist.

Ein dicht verstopfter Ofen
Glüht heisser, ein gehemmter Flus
Schwillt mit viel grössrer Wut;
Das gilt auch von verheeltem Kummer.
Der freie Lauf der Worte kühlt
Der Liebe Feuer; aber wenn
Des Herzens Anwald einmal
Verstummt, bricht der Klient,
An seiner Sach verzweifelnd. –

Er sieht sie kommen, und
Entglüht darob, wie eine
Halbtodte Kole, die des Windes Hauch
Zu neuer Glut erweckt,
Verhüllt mit seinem Hute die
Ergrimmte Stirn, sieht mürrisch auf
Die todte Erd herab,
Und achtet nicht darauf, daß sie
Ihm schon so nahe; denn er blikt
Nur seitwärts auf sie hin. –

Oh! what a sight it was, wistly to view,
How she came stealing to the wayward boy,
To note the fighting conflict of her hue:
How white and red each other did destroy;
But now her cheek was pale and by and by
It flash'd forth fire as lightning from the sky.

Now was she just before him as he sat,
And like a lowly lover down she kneels;
With one fair hand she heaveth up his hat,
Her other tender hand his fair cheeks feels;
His tender cheeks receive her soft hands print
As apt as new fall'n snow takes any dint.

Oh! what a war of looks was then between them!
Her eyes petitioners of his eyes suing;
His eyes saw her eyes, as they had not seen them,
Her eyes woo'd still, his eyes disdain'd the wooing
And all this dumb play had its acts made plain
With rears, which chorus like her eyes did rain.

Full gently now she takes him by the hand,
A lilly, prisson'd in a jail of snow,

O! welch ein Anblik war's,
Recht zu bemerken, wie sie so
Verstohlen zu dem widersinn'schen Knaben
Geschlichen kam, und nun das streitende
Gefecht von ihrer Farbe anzusehn,
Wie Weis und Rot einander
Verjagten, wie
Jezt ihre Wang' erbleicht', und bald
Ein Feuer von sich sprühte,
Wie Donnerwolken Blitz.

Nun war sie grade vor ihm. Er
Saß da, und sie, gleich einem
Demütigen Liebhaber, kniet hin;
Und mit der einen schönen Hand
Zieht sie den Hut hinweg,
Das andre zarte Händchen fühlt
An seine schönen Wangen.
Die zarten Wangen nehmen
Der sanften Hand Berührung an, so rein,
Wie frisch gefallner Schnee. –

O was ein Krieg von Blicken
Began jezt zwischen ihnen!
Wie ihre Augen bitlich warben!
Und seine sahn auf ihre
Herab, als sähen sie sie nicht.
Die ihren buhlten immerfort,
Und seine Augen
Verachteten der ihren Buhlerei. –
Die Tränen, die von ihren Augen regneten,
Erklärten, wie ein Chorus,
Euch dieses stumme Schauspiel. –

Sie nimmt, wie sanft! ihn bey der Hand.
Sieh! eine Lilj' in einem Kerker

Or ivory in an alabaster band.
So white a friend ingirts so white a foe!
  This beauteous combat, wilful and unwilling,
  Shew'd like to silver doves that sit abilling.

Once more the engine of her thoughts began:
O fairest mover on this mortal round!
Would thou wert as I am, and I a man,
My heart as whole as thine, thine had my wound,
  For one sweet look my help I would assure thee,
  Tho' nothing but my body's bane would cure thee.

Give me my hand, saith he, why dost thou feel it?
Give me my heart, saith she, and thou shalt have it.
Oh! give it me, lest thy hard heart do steel it,
And beeing steel'd, soft sighs can never move it:
  Then love's deep groans I never shall regard
  Because Adonis's heart has made mine hard.

For shame! he cries, let go, and let me go,
My day's delight is past, my horse is gone,
And 't is your fault, I am bereft him so.
I pray you, hence! aud leave me here alone;

Von Schnee gefangen!
Sieh! Elfenbein in Alabasterbanden! Ein
So weisser Freund umgürtet einen
So weissen Feind! –
Dieß schöne, willig und
Unwillige Gefecht war anzusehn,
Wie Schnäbeln silberweißer Tauben. –

Und noch einmahl fing ihrer
Gedanken Herold an:
Du schönster, der auf diesem Erdenrund
Ein weiblich Herz gerührt!
O! wärest du an meiner Stelle!
O! wäre doch mein Herz
So unverwundet, wie das deine,
Und deines fühlte meines Wunde!
Ich würd' um einen holden Blick
Dir Hülfe leisten, müst ich gleich
Dein Wol mit meinem Tod' erkaufen. –

Komm! gieb mir meine Hand,
Sagt er, was fühlst du dran?
O! gieb du mir mein Herz, erwiedert sie,
Und gleich las ich sie fahren.
O! lieber! gieb es mir,
Sonst möchte nur dein hartes Herz
Es stählen; und dann könnten das gestählte Herz
Nie sanfte Seufzer rühren;
Nie würd ich dann des tiefsten Aechzens
Bedrängter Liebe achten:
So hätt' Adonens Herz das meine
Verhärtet. – Schäm dich! ruft er,
Las meine Hand, und las mich gehn.
Denn meines Lebens Lust ist hin:
Mein Pferd ist fort, und du bist schuld,
Daß ich es so verlohren.

For all my mind, my thought, my busy care
Is how to get my palfrey from the mare.

Thus she replies: thy palfrey as he should
Wellcomes the warm approach of sweet desire:
Affection is a coal, that must be cool'd;
Else, suffer'd, it will set the heart on fire.
The sea hath bounds, but deep desire hath none
Therefore no marvel tho' thy horse be gone.

How like a jade, he stood, ty'd to a tree,
Servilely masterd by a leathern reign!
But when he saw his love, his youth's fair fee,
He held such petty bondage in disdain,
Throwing the base thong from his bending crest,
Enfranching his mouth, his back, his breast.

Who sees his true love in her naked bed,
Teaching the sheets a whiter hue, than white,
But when his glutton eye so full hath fed,
His other agents aim at like delight:
Who is so faint that dare not be so bold
To touch the fire, the weather being cold.

Ich bitte dich, geh fort,
Und laß mich hier allein:
Denn all mein Sinn, mein Trachten,
Und ems'ge Sorge ist
Den Klepper von der Stute zu erhalten.

Und sie erwiedert so:
Dein Klepper heißt mit recht
Die warme Ankunft süsser Glut wilkommen.
Die Liebe ist ein Funken, den
Man leschen mus, der sonst
Das Herz entzünden wird.
Die tiefe See hat Grund, allein
Die tief're Leidenschaft hat keinen;
Kein Wunder also daß dein Pferd entlief.

Wie stand er da, dem schlechten Karngaul gleich!
An Baum gebunden, sklavisch
Bezwängt vom ledern Zaum!
Sobald er aber seine Liebe,
Der Jugend schönen Sold,
Erblickt; verachtete
Er solche schwache Bande,
Warf den elenden Riemen
Von dem gebog'nen Halse, und
Befreite Mund und Brust und Rücken. –

Wer säh wol seine traute
Geliebte nakt im Bette,
Wie sie das weisse Bettuch eine
Noch weiss're Farbe kennen lehrt,
Als weis, des andre Sinne nicht,
Wenn er sein schwelgrisch Aug ersättigt,
Nach gleicher Wollust gierten? –
Wer wagt es nicht, bey kaltem Wetter
Dem Feuer sich zu nahn!

Let me excuse thy courser, gentle boy,
And learn of him, I heartily beseech thee,
To take advantage on presented joy.
Tho' I were dumb, yet his procedings teach thee.
O! learn to love, the lesson is but plain,
And once made perfect never lost again.

I know not love, quoth he, nor will I know it,
Unless it be a boar, and then I chase it.
'Tis much to borrow, and I will not owe it.
My love to love is love but to disgrace it:
For I have heard it is a life in death,
That laughs and weeps and all but in a breath.

Who wears a garment shapeless and unfinish'd?
Who plucks the bud before one leaf puts forth?
If springing things be any jot diminish'd:
They wither in their prime, prove nothing worth.
The colt that's back'd and burthen'd being young
Looseth his pride and never waxeth strong.

Las mich den Renner
Entschuld'gen, guter Junge!
Und lern von ihm,
Ich bitte dich gar herzlich drum,
Die dargebotne Freude nutzen. –
Wär ich gleich stum: so würde sein
Verfahren dich belehren. –
O! lerne lieben!
'S ist eine leichte Lekzion,
Und weist du einmal sie:
Du wirst sie nie vergessen.

Ich weiß von Liebe nichts, erwiedert er,
Und will von ihr nichts wissen,
Sie wäre denn ein Eber:
Dann jagt ich sie. –
Das hiesse viel geborgt, und ich
Will nicht viel schuldig seyn. –
Ich habe für die Liebe
Kein' andre Lieb' als die,
Verächtlich sie zu machen; denn
Sie ist, wie ich gehört, ein Leben
Im Tod' das lacht und weint in einem Athem. –

Wer trägt ein Kleid, das nur halb fertig ist?
Wer pflückt die Knospe
Bevor ein Blätchen ausgebrochen? –
Wenn blühende Gewächse
Nur um ein Haar geschmälert werden:
So welken sie in ihrer Blüte hin,
Und taugen nie. Das Füllen,
Das in der Jugend schon
Beritten wird und Lasten trägt,
Verlieret Mut und Stolz und wird nie stark. –

You hurt my hand with wringing; let us part,
And leave this idle theme, this bootless chat,
Remove your siege from my unyielding heart.
To love's alarm it will not ope the gate.
Dismiss your vows, your fained tears, your flattry:
For where a heart is hard they make no battry.

What! canst thou talk? quoth she, hast thou a tongue?
Oh! would thou hadst none, or I had no hearing!
Thy mermaid's voice hath done me double wrong!
I had my load before, now prest with bearing.
Melodious discord! heavenly tune harsh sounding!
Earth's deep, sweet musick, and heart's deep, sore
wounding

Had I no eyes, but ears: mine ears would love
That inward beauty and invisible.
O! were I deaf! Thy outward parts would move
Each part of me, that were but sensible!
Tho' neither eyes nor ears to hear nor see;
Yet should I be in love by touching thee.

»Du drückst mir meine Hand zu derbe,
Las uns jezt von einander gehn!
Halt ein mit dem grundlosen
Geschwätze von so einem eiteln Gegenstand.
Heb die Belagrung auf,
Mein Herz ergiebt sich nicht.
Es öfnet seine Thore nie
Dem Feldgeschrei der Liebe.
Entlas nur deine Schwüre,
Dein Schmeicheln, deine
Erpresten Tränen;
Sie werden in mein festes Herz
Nicht eine Bresche schiessen.«

Wie! sagte Venus, kanst du reden?
Hast eine Zunge? O! ich wolte,
Du hättest keine, oder ich
Auch kein Gehör; denn deine
Sirenenstimme
Verdoppelt noch mein Leid.
Mein Kummer war schon schwer genug,
Nun drückt er mich zu Boden. –
O du melodischer Mislaut!
Himlischer Ton von rauhem Klang!
Der Erde tiefe, süsseste Musik, die aber
Das Herz so schmerzlich tief verwundet! –

Hätt ich nur Ohren, keine Augen:
So würden meine Ohren
Dein' innre, unsichtbare Schönheit lieben.
O! wär ich taub! Es rührte
Doch deine äuss're Wolgestalt
Was nur an mir empfinden könnte.
Hätt' ich nicht Sehkraft noch Gehör:
So lehrte mich doch das Gefühl dich lieben.

Say, that the sense of reason were bereft me,
And that I could not see, nor hear, nor touch,
And nothing but the very smell were left me;
Yet would my love to thee be still as much.
For from the stillatory of thy face exceeding
Comes breath perfumed, that breedeth love by smelling.

But oh! what banquet wert thou to the taste!
Being nurse and feeder to the other four,
Would they not wish, their feast should ever last,
And bid suspicion double lock the door,
Lest jealousy, that sour, unwelcome guest,
Should by his stealing in disturb the feast.

Once more the rubby-colourd portal open'd
Which to his speech did honey passage yield
Like a red morn, that ever yet betoken'd
Wrack to the seamen, tempest to the field,
Sorrow to shepperds, woe unto the birds,
Gust and foul flaws to herdsmen and to herds.

This ill presage advisedly she marketh.
Even as the wind is husht, before it raineth,
Or as the wolf doth grin, before he barketh,

Könnt ich nicht fühlen, sehn, noch hören,
Nicht denken, noch empfinden;
Und der Geruch nur bliebe mir:
Doch würd ich dich gleich heftig lieben. Denn
Durch deines holden Angesichts Phiole
Drängt sich ein Duft, so würzig, daß
Durch den Geruch er Liebe brütet.

Ach! aber, welch Banket wärst du
Für den Geschmack, die Amme, die
Die andern viere närt!
Wie würden alle solcher Gasterei
Endlose Dauer wünschen,
Und dem Verdacht gebieten, doppelt
Die Thüre zu verschliessen,
Damit nicht Eifersucht,
Der böse, unwilkomne Gast,
Herein sich stehle, und
Des Gastmahls Eintracht störe!

Nun öfnete sich noch einmal
Das Pförtchen, dem Rubin an Farbe gleich,
Das seinen Worten honigglatten
Durchgang verstattete, –
Gleich einem roten Morgen, der
Von je dem Seemann Schifbruch, und dem Felde
Zerstörend Ungewitter,
Dem Schäfer Kummer, Vögeln Leid,
Und alle Plagen eines bösen
Sturmwindes Hirt und Heerden
Verkündete. – Sie merkte klüglich
Auf diese schlimme Vorbedeutung.

Und wie der Wind sich vor dem Regen stillt,
Der Wolf erst grinzet, eh
Er heult, wie eine Beere

Or as the berry breaks before it staineth;
   Or like the deadly bullet of a gun,
   His meaning struck her e'er his words begun.

      And at his look she flatly falleth down;
For looks kill love, and love by looks reviveth,
A smile recures the wounding of a frown.
But blessed bankrupt, that by love so thriveth;
   The silly boy, believing she is dead,
   Claps her pale check, till clapping makes it red.

      And in amaze brake off his late intent,
For sharply he did think to reprehend her
Which cunning love did wittily prevent.
Fair fall the wit, that can so well defend her!
   For on the grass she lies, as she were slain,
   'Till his breath breatheth life in her again.

      He wrings her nose, he strokes her on the cheeks,
He bends her fingers, holds her pulses hard,
He chafes her lips, a thousand ways he seeks
To mend the hurt that his unkindness marr'd.
   He kisseth her, and she by her good will
   Would never rise, so he will kiss her still.

Zuvor zerbirst, und dann
Durch den versprüzten Saft befleckt, –
Der toderfüllten Kugel einer Flinten gleich,
Schlägt seine Meinung sie zu Boden,
Eh seine Worte noch begannen.

Auf seinen blossen Blick
Schon fällt sie plat danider.
Denn Blicke tödten, und
Erwecken Lieb'. Ein Lächeln heilt
Die Wunde, so
Der Stirne Falten schlugen. –
Heil aber dem Bank'rot
Wobey die Liebe so gewinn't! –
Der schwache Knabe glaubt
Sie tod, klopft ihre blasse Wange,
Bis sie das Klopfen rötet,
Und denkt in der Bestürzung nicht
An seinen vorigen Entschlus.

Er wolte sie gar bitter tadeln,
Und das verhütete die list'ge Liebe
So klüglich. – Heil dem Witz, der sie
So gut beschützen kan! –
Da liegt sie nun, wie tod, im Grase,
Bis ihr sein Athem wieder Leben
Einhaucht; indessen er
Sie an der Nasen zupft,
Und ihre Wangen streichelt,
Die Finger biegt, den Puls fest hält,
Die Lippen reibt, auf tausend Arten
Den Schaden zu vergüten sucht,
Den seine Härte ihr getan;
Zulezt – sie küsset, und – –
Würd er sie immer küssen:
Sie würde niemals aufzustehn begehren.

The night of sorrow now is turn'd to day,
Her two blue windows faintly she upheaveth
Like the fair sun when in his fresh array
He cheers the morn, and all the world relieveth.
And as the bright fun glorifes the skie,
So is her face illumin'd with her eye.

Whose beams upon his hairless face were fixt,
As if from thence they borrow'd all their shine.
Were never four such lamps together mixt,
Had not his clouded with his brows repine.
But hers, which through the crystal tears gave light,
Shone like the moon in water seen by night.

O! where am I? quoth she, in earth, or heaven?
Or in the Ocean drencht, or in the fire?
What hour is this? Or morn, or weary even?
Do I delight to die, or life desire?
But now I lived, and life was death's annoy
But now I dy'd, and death was lively joy.

Doch nun beginnt die Nacht
Des Kummers, sich in Tag zu wandeln.
Denn ihre beiden blauen Fenster hebt
Sie schwach empor, –
Der schönen Sonne gleich,
Wenn sie in frischem Glanz den Morgen
Verschönert, und
Die ganze Welt erquickt. –
Und so wie Sonnenglanz
Die Luft verherlicht: so
Verschönt ihr Angesicht ihr Auge,
Des Stralen, so auf sein bartloses
Gesicht geheftet waren,
Als wenn sie allen Glanz von daher borgten. –
Vier solche Lampen wären
Zusammen nie gefunden; hätten
Die seinen nicht die düstern Augenbraunen
Umwölkt. Die ihren aber glänzten
Durch die christallnen Thränen,
Dem Monde gleich, wenn er
Sich nachts im Wasser spiegelt.

O! wo bin ich? rief sie?
Auf Erden, o'r* im Himmel?
Im Feuer? O'r im Ozean ertränkt? – – –
Was ist die Zeit?
Ists Morgen oder müder Abend?
Begehre ich zu leben, oder hab
Ich Lust zu sterben?
Nur eben lebt' ich, und das Leben
War Todesqual; nur eben starb ich und
Der Tod war Lebenswonne. –

* Ich bin in dieser Verkürzung des Wortes oder dem Vorschlage und Beispiel Hrn. Bürgers gefolgt, weil ich nicht den Geist dem Buchstaben aufopfern wolte. Mögen es manche Leute tadeln, die lieber was unsichtbares entbehren, als etwas, dessen Verlust einem jeden in die Augen fällt! (A. d. Ü.)

O! thou didst kill me: kill me once again.
Thy eyes shrew'd tutor, that hard heart of thine
Hath taught them scornfull tricks, and such disdain,
That they have murder'd this poor heart of mine;
And these mine eyes, true leaders to their queen,
But for thy pitious lips, no more had seen.

Long may they kiss each other for this cure!
Oh! never let their crimson liveries wear!
And as they last their verdure still endure,
To drive infection from the dangerous year,
That the stargazers, having writ on death,
May say: the plague is banishd by thy breath.

Pure lips! Sweat seals, in my soft lips imprinted,
What bargains may I make still to be sealing?
To sell my self I can be well contented,
So thou wilt buy, and pay, and use good dealing;
Which purchase if thou make, for fear of slips
Set thy seal manual on my wax-red lips.

A thousand kisses buy thy heart from me
And pay them at thy leisure one by one.
What is ten hundred kisses unto thee?
Are they not quickly told and quickly gone?
Say, for nonpayment that the debt should double:
Is twenty hundred kisses such a trouble?

O! du hast mich getödtet. Tödte
Mich noch einmal!
Dein hartes Herz, der ungefäll'ge Lehrer,
Hat deine Augen solche Künste der
Verschmähenden Verachtung
Gelehret, daß sie dies mein armes Herz
Ermordeten; und diese meine Augen,
Die treuen Führer ihrer Königin,
Sie würden niemals wieder
Gesehen haben, wenn nicht deine Lippen
Mitleid'ger wären. Lange mögen sie
Für diese Hülf' einander küssen!
O! möge nie ihr rot Gewand verschleissen!
Und mög' mit ihrer Dauer
Beständig ihre Blüte dauren,
Um Seuchen von dem färlichen
Jahr zu vertreiben,
Damit Sternseher, die
Schon Tod verkünd'ten, sagen
Dein Athem hab' die Pest verbannt. –

Ihr zarten Lippen! Süsse Siegel,
In meine weichen Lippen eingedrückt!
Was geb ich euch um immer so zu siegeln? –
Mich selbst verkauf' ich gern, wenn du mich kaufen willst,
Und einen guten Handel schliessen.
Wenn diesen Kauf du eingehst: setz',
Um Irtum zu verhüten,
Dein Siegel eigenhändig meinen
Lackroten Lippen auf. –

Ein tausend Küsse kauf' dein Herz von mir:
Du magst sie einzeln,
Nach deinem Wolgefall'n, bezalen.
Was sind für dich zehnhundert Küsse?
Sind sie nicht schnell gezählt, und schnell dahin?
Las sich die Schuld, im Fal du nicht bezalst, verdoppeln.
Sind zwanzig hundert Küsse denn so eine Last?

Fair queen! quoth he, if any love you owe me,
Measure my strangeness with my unripe years.
Before I know myself, seek not to know me.
No fisher, but the ungrown fry forbears.
The mellow plum doth fall, the green sticks fast,
Or being early pluck't is sour to taste.

Look! the world's comforter with weary gate,
His day's hot task hath ended in the west.
The owl, night's herald, shreeks, 'tis very late.
The sheep are gone to fold, birds to their nest;
The coal-black clouds, that shadow heaven's light,
Do summon us to part and bid good night.

Now let me say: good night! And so say you.
If you will say so, you shall have a kiss.
Good night quoth she, and ere he says adieu,
The honey fee of parting tendred is.
Her arms do lend his neck a sweet embrace,
Incorp'rate then they seem, face grows to face.

'Till breathless he disjoin'd and backward drew
The heavenly moisture, that sweet coral mouth,
Whose precious taste her thirsty lips well knew,
Whereon they surfeit, yet complain of drouth.

Hast du, so nahm er jezt das Wort,
O schöne Königin! nur irgend Liebe
Für mich: so miß mein fremd Betragen
Nach der Unreife meiner Jare.
Such nicht mich zu erkennen,
Bevor ich selbst mich kenne. –
Der Fischer schont der kleinen,
Noch unerwachs'nen Fischlein.
Die reife Pflaume fällt, die grüne stekt
Fest! oder schmecket sauer, wird
Sie früh gepflückt. – Sieh! dort im Westen
Hat an der müden Pforte schon der Trost der Welt
Sein heisses Tagewerk volbracht.
Der Nacht Herold, die Eule, schreit.
Es ist sehr spät; die Schafe sind
Zu ihren Hürden, und die Vögel
Zu ihren Nestern. Die
Kohlschwarzen Wolken, so
Des Himmels Licht beschatten,
Ermahnen uns,
Einander gute Nacht zu sagen,
Und uns zu trennen.

Ich wünsch dir gute Nacht: tu du es auch.
Wenn du das willst, geb' ich
Dir einen Kus. – Schnel sagt sie gute Nacht:
Und eh er: lebe wol, gesagt, war schon
Der süsse Lon der Trennung dargereicht.
Sanft schlingen ihre Arme sich
Um seinen Hals, daß sie zusammen
Zu einem Leib gewachsen scheinen,
Gesicht wächst an Gesicht;
Bis atemlos er sich entwand,
Und ihr den Himmelshauch entzog, des süssen
Korallenmundes, dessen köstlichen Geschmack
Wol ihre durstgen Lippen kanten,

He with her plenty prest, she faint wit dearth,
Her lips together glew'd, fall to the earth.

Now quick desire hath caught her yielding prey
And glutton-like she feeds, yet never filleth,
Her lips are conquerors, his lips obey,
Paying what ransom the insultor willeth,
Whose vultur-thought doth pitch the price so high
That she will draw his lips rich treasure dry.

And having felt the sweetness of the spoil
With blindfold fury she begins to forrage;
Her face doth reck and smoak, her blood doth boil,
And careless lust stirs up a desp'rate courage,
Planting oblivion, beating reason back,
Forgetting shame's pure blush and honour's wrack.

Hot, faint, and weary with her hard embracing,
Like a wild bird, being tamed with too much handling
Or as the fleet-foot roe, that's tir'd with chasing,
Or like the froward infant, still'd with dandling,
He now obeys and now no more resisteth
While she takes all she can not all she listeth.

Woran sie schwelgten, und doch über Schmachten klagten. –
Er, schon mit Ueberflus von ihr
Gesättigt, sie, von Durste lechzend,
und ihre Lippen aneinander
Geleimet, fielen sie zur Erde.

So hat die rasche Leidenschaft nun ihre Beute,
Die sich nicht länger wehrt, erhascht.
Sie schwelget wie ein Vielfras,
Und sättigt sich doch nie.
Denn ihre Lippen siegen, seine
Gehorchen, und bezahlen,
Welch Lösegeld der Uebermut
Des Siegers fodert, dessen Geiersin
Den Preis so sehr erhöh't, daß sie
Die reichen Schätze seiner Lippen
Ausdörren wird.

Und da sie einmal nun die Süssigkeit der Beute
Geschmeckt: so weidet sie mit blinder Wut
An ihrem Raube sich. –
Wie ihr Gesicht so glüht und dampft,
Ihr Blut so kocht vor Leidenschaft! –
Denn die gedankenlose Wollust
Entflammt verzweiflungsvollen Mut,
Und pflanzt Vergessenheit;
Schlägt die Vernunft zurück,
Denkt nicht an das Erröten
Der reinen Schaam und den Ruin
Der Ehre. –

Heis, und matt, und müde
Von ihrer heftigen Umarmung, –
So wie ein wilder Vogel,
Gezähmt durch allzuviel Betasten;
Wie ein schnellfüßig Reh,
Von langer Jagd ermüdet, oder wie

What wax so frozen but dissolves with temp'ring,
And yields at last to ev'ry light impression?
Things out of hope are compast oft with vent'ring,
Chiefly in love, whose leave exceeds commission.
Affection faints not, like a pale-fac'd coward.
But then woo's best, when most his choice is froward.

When he did frown, oh! had she than gave over;
Such Nectar from his lips she had not suckt.
Foul words and frowns must not repel a lover.
What tho' the rose have pricks? yet it is pluckt.
Were beauty under twenty lucks kept fast:
Yet love breaks thro' and picks them all at last.

For pity now she can no more detain him.
The poor fool prays her that he may depart:
She is resolv'd no longer to restrain him,
Bids him farewell and look well to her heart,
The which, by Cupid's bow she doth protest,
He carries thence ingaged in his breast.

Ein Kind, des Unzufriedenheit
Mit Tanzen man gestill't –
Gehorcht er nun und widersteht nicht mehr;
Indes sie nimmt, so viel sie kann,
Doch nicht, so viel sie will.

Welch Wachs ist so gefroren,
Das nicht durch viel Behandeln sich
Erweichen liesse, und zulezt
Dem schwächsten Eindruck
Nachgebe? So gewinnt man oft durch Wagen
Mehr, als man hoffen durfte;
Besonders in der Liebe.
Die allemal mehr Freiheit als Erlaubnis hat.
Die Liebe wird nicht laß,
Der blassen Feigheit gleich;
Im Gegenteil wirbt sie am meisten,
Wenn ihre Wahl am spröd'sten ist. –

O! hätte sie da nachgelassen, als er zürnte:
Nie hätte solchen Nektar
Von seinen Lippen sie gesogen. –
Ein strenger Blick und Schmälen müssen nie
Den Liebenden abschrecken. –
Was hinderts daß die Rose
Mit Stacheln droht? Sie wird dennoch gepflückt.
Verwarten zwanzig Schlösser
Die Schönheit: Liebe bräche doch hindurch,
Und öfnete sie alle.

Aus Mitleid kann sie jezt nicht länger ihn
Aufhalten; denn das arme Närchen bittet,
Ihn gehn zu lassen, und versagen kann sie's nicht.
Sie sagt ihm: lebe wol,
Und heist ihn, wol zu ihrem Herzen sehn,
Das, wie sie bey Kupidens Bogen schwört,
In seiner Brust verschlossen,
Er mit von dannen trägt.

Sweet boy! she says, this night I'll waste in sorrow,
For my sick heart commands mine eye to watch.
Tell me, love's master! shall we meet to morrow?
Say! shall we? wilt thou make the match?
He tells her no, to morrow he intends
To hunt the boar with certain of his friends.

The boar? quoth she. Whereat a sudden pale,
Like lawn being spread upon the blushing rose,
Usurps her cheeks, she trembles at his tale;
And on his neck her yoking arms she throws.
She sinketh down, still hanging on his neck,
He on her belly falls, she on her back.

Now is she in the very lists of love;
Her champion mounted for the hot encounter.
All is imaginary she doth prove,
He will not manage her altho' he mount her,
That worse than Tantalus's is her annoy,
To clip elysium and to lack its joy.

Even as poor birds, deceiv'd with painted grapes,
Do surfeit by the eye and pine the maw;
Even so she languishes in her mishaps,
As those poor birds, that helpless berries saw.
The warm effects which she in him finds missing.
She seeks to kindle with continual kissing.

O! lieber Junge! sagt sie, diese Nacht
Bring ich in Kummer zu.
Mein krankes Herze heist mein Auge wachen.
Sag mir, du Herr der Liebe!
Werd ich dich morgen sehn?,
Sag', werd ich das? O! werd ich? Wilst
Du mir's versprechen? –
Und er erwiedert: nein! Er wolte
Mit Freunden morgen auf die Schweinsjagd gehn.

Die Schweinsjagd? ruft sie aus,
Und Blässe nimt urplözlich ihre Wangen ein,
Wie Leinen, auf die blüh'nde Rose
Gespreitet. Sie erzittert
Ob seinen Worten,
Und wirft, wie ein umfassend Joch,
Um seinen Hals die Arme.
Sie sinkt dahin, noch immer hangend
An seinem Halse, fällt
Plat auf den Rücken, er auf ihren Bauch.

Nun ist sie da, am Ziel der Liebe;
Ihr Ritter an den Schranken
Des heissen Kampfs; und was man nur
Sich denken kann, das tut sie alles,
Ihn zu entflammen.
Doch nichts mag helfen. Ihre Qual ist ärger,
Als Tantals. Sie hat jezt
Elysium errungen;
Und mus doch seine Wonn' entbehren.

Wie arme Vögel, durch gemahlte Trauben
Betrogen, mit dem Auge schwelgen,
Und mit dem Magen schmachten:
So schmachtet sie in ihrer Not,
Wie diese armen Vögel, die
Hülflose Trauben sahn. –

But all in vain, good queen! it will not be,
She hath essay'd as much, as may be proved.
Her pleading hath deserv'd a greater fee.
She's Love she loves, and yet she is not lov'd!
Fie! fie! he says, you crush me let me go!
You have no reason to withhold me so.

Thou hadst been gone, quoth she, sweet boy e'er this,
But that, thou toldst me, thou wouldst hunt the boar,
Oh! be advised! Thou know'st not what it is,
With javelin's point a churlish swirne to gore,
Whose tushes never sheath'd, he weteth still,
Like to a mortal butcher, bent to kill.

On his bow back he hath a battel set
Of bristly pikes, that ever threat his foes;
His eyes like glow-worms shine when he doth fret.
His snout digs sepulchres wheree'er he goes.
Being moved he strikes whate'er is in his way:
And whom he strikes, his crooked tushes slay.

Sie sucht durch ein beständig Küssen,
Die warmen Triebe anzufachen,
Die, wie sie, leider! sieht, ihm fehlen.

Allein, umsonst! Du gute Königin!
Umsonst! – Sie hat versucht,
Was man versuchen kann.
All ihre Müh verdiente bessern Lon.
Sie ist die Liebe, liebt, und wird nicht wieder
Geliebt. Fui! Fui! sagt er,
Du drückst mich. Las mich gehn.
Du hast nicht Ursach,
Mich so zurückzuhalten.

Du wärst schon lange fort, sagt sie,
Hättst du nichts von der Eberjagd gesagt.
O! lieber Junge! Las dir raten.
Du weist nicht, was das heist,
Mit eines Speeres Spitze einen
Unbänd'gen Eber zu durchboren,
Der immer die beschäumten Hauer bleckt,
Gleich einem mörderischen Mezger,
Gedungen zum Erschlagen.

Auf seines Rückens Bogen ist gepflanzt
Ein Treffen borst'ger Speere,
Die allzeit seinen Feinden drohn.
Und wenn er wütet, glimmt
Sein Auge wie ein Glühwurm.
Wohin er geht, gräbt seine Schnauze Gräber,
Wird er gereizt: so fällt er alles an,
Was in den Weg ihm kommt;
Und was er anfällt, das
Ermorden seine krummen Hauer.

His brawny sides, with hairy bristles armed,
Are better proof, than thy spear's point can enter;
His short thick neck cannot be eas'ly harmed.
Being ireful on the lion he will venture.
The thorny brambles, and embracing bushes,
As fearful of him, part thro' whom he rushes.

Alas! he nought esteems that face of thine,
To which love's eye pays tributary gazes;
Nor thy soft hand, sweet lips and crystal eyne.
Whose full perfection all the world amazes.
But having thee at vantage (wondrous dread!)
Would root these beauties, as he roots the mead.

Oh! let him keep his loathsome cabin still!
Beauty has nought to do with such foul fiends.
Come not within his danger by thy will.
They, hat thrive well, take counsel of their friends,
When thou didst name the boar, not to dissemble,
I fear'd thy fortune, and my joints did tremble.

Didst thou not mark my face? Was I not white?
Saw'st thou not signs of fear lurk in mine eye?
Grew I not faint? And fell I not downright?

Die dicken Seiten, wolbewafnet,
Mit borst'gen Haren, kann
Die Spitze deines Speeres nicht durchdringen
Sein kurzer, dicker Hals ist nicht leicht zu verwunden.
Und ist er wütend: wagt er sich
Selbst an den Löwen.
Die dornbewehrten Brombeerstauden,
Und die verschlungnen Büsche
Zerreissen ihre innigen Umarmungen,
Als fürchteten sie sich,
Wenn er sie so durchrasselt.

Und ach! er achtet nichts dein schön Gesicht,
Dem ihre unterwürf'gen Blicke
Das Aug' der Liebe zollt; noch deine sanfte Hand,
Die süssen Lippen nicht, noch die kristalnen Augen,
An deren so vollkomner Schöne
Die ganze Welt sich mit Bewundrung weidet.
Hätt' er dich einmal erst in seiner Macht! –
O! Schrecklich, wunderbar erschrecklich! –
Er würde diese Schönheiten zerwühlen,
Wie er die Flur zerwühlt.

O! las ihn stets in seiner
Verhasten Höle bleiben.
Mit solchen bösen Feinden
Hat Schönheit nichts zu thun. –
Wag dich nicht one Not an ihn.
Der Freunde Rat befolgen giebt Gedeien.
So bald du nur den Eber nantest,
Befiel mich Furcht vor deinem Schicksal,
Und meine Glieder zitterten.

Bemerktest du nicht mein Gesicht?
Ward es nicht blas, und sahst du nicht
In meinem Auge Zeichen der Besorgnis lauschen?

Within my bosom, whereon thou dost lye,
  My boding heart pants, beats and takes no rest,
  But like an earth-quake shakes thee on my breast.

For, where love reigns, disturbing jealousie,
Doth call himself affection's centinel,
Gives false alarms, suggesteth mutiny,
And in a peacefull hour doth cry: kill! kill!
  Distempring gentle love with his desire,
  As air and water doth abate the fire.

This sour informer, this bate-breeding spy,
This canker, that eats up loves tender spring.
This carry-tale, dissentious jealousy,
That sometimes true news, sometimes false doth bring,
  Knocks at my heart, and whispers in mine ear,
  That if I love thee, I thy death should fear.

And more than so, presenteth to mine eye
The picture of an angry, chafing boar,
Under whose sharp fangs on his back doth lye
An image like thyself, all stain'd with gore.
  Whose blood, upon the fresh flowers being shed,
  Doth make them drop with grief and hang the head.

Ward ich nicht schier ohnmächtig?
Fiel ich nicht plat danieder? –
In meiner Brust, an der du ruhest, keucht
Und klopft mein ahnend Herz,
Hat keine Ruh, erschüttert dich
An meiner Brust, wie ein Erdbeben.

Denn, wo die Liebe tront, nennt Eifersucht,
Die Ruhestörerin, sich ihre Wache;
Macht blinden Lerm, argwohnt Verräterey,
Und ruft: Mord! Mord! in Friedensstunden;
Sie schwächt mit ihrer
Begier die edle Lieb, wie Luft
Und Wasser Gluten dämpfen.

Und dieser böse Bote, dieser
Zwistbrütende Spion, der Krebs,
Der an der Liebe zartem Frühling nagt,
Der Märchenträger, die
Zwieträchtge Eifersucht,
Die manchmal wahre Neuigkeit,
Und manchmal falsche bringt,
Klopft an mein Herz, und raunet in mein Ohr:
Wenn ich dich liebe, soll
Ich deinen Tod befürchten;
Stellt überdies noch meinen Augen
Das Bild von einem wütenden,
Ergrimten Eber dar;
Und unter seinen scharfen Hauern,
liegt auf dem Rücken, mit
Geronn'nem Blute ganz befleckt,
Ein Bild, dir gleich. So wie das Blut
Hintröpfelt auf die frischen Blumen:
Verwelken sie vor Gram,
Und senken ihre Häupter. –

What should I do? Seing thee so in deed?
That, trembling at th' imagination,
The thought of it doth make my faint heart bleed,
Aud fear doth teach it divination?
I prophesy thy death, my living sorrow,
If thou encounter with the boar to morrow.

But, if thou needs wilt hunt, be rul'd by me.
Uncouple at the tim'rous flying hare,
Or at the fox which lives by subtil'ty,
Or at the roe, which no encounter dare,
Pursue these fearful creatures o'er the downs
And on thy well breath'd horse keep with thy hounds.

And when thou hast on foot the purblind hare:
Mark the poor wretch, to overshoot his troubles,
How he outruns the wind, and with what care
He cranks and crosses with a thousand doubles.
The many musits, through the which he goes,
Are like a labyrinth t'amaze his foes.

Sometime he runs amongst a flock of sheep,
To make the cunning hounds mistake their smell.
And sometimes where earth-delving conies keep,

Was sollt' ich nun beginnen?
Dich in der Tat so sehn,
Da schon die Einbildung
Mich zittern macht, da vor dem blossen
Gedanken schon mein furchtsam Herze blutet,
Und Furcht es Profezeihung lehrt?
Ich profezeihe deinen Tod,
Das Leben meines Kummers,
Wenn du dich morgen an den Eber wagst.

Und willst du denn notwendig jagen:
So las dir von mir raten.
Entkuple deine Hunde auf
Den flieh'nden, feigen Hasen,
O'r auf den Fuchs, den seine List erhält,
O'r auf das Reh, das kein Gefechte wagt.
Verfolge diese furchtsamen
Geschöpfe durch die Fluren,
Und bleib auf deinen athemreichen Klepper
Bey deinen raschen Hunden.

Hast du nun den
Kurzsicht'gen Hasen aufgescheucht:
So merke, wie das arme Tier,
Um seinen Qualen zu entlaufen,
Wie er wol schneller als der Wind,
Dahin eilt, und mit welcher Sorgsamkeit
Er hin und her, in tausend Krümmungen,
Sich schlängt. Die mancherley
Umwege, welche er durchläuft,
Sind wie ein Labyrinth,
Um seine Feinde zu verwirren.

Oft läuft er unter eine Heerde Schafe,
Um die verschmizten Hunde im Geruch
Zu irren; oft wo erddurchgrabende

To stop the loud pursuers in their yell.
   And sometimes sorteth with a herd of deer.
   Danger deviseth shifts, wit waits on fear.

      For there his smell with others being mingled,
The hot-scent-snuffing hounds are driv'n to doubt,
Ceasing their clam'rous cry, 'till they have singled
With much ado the cold fault cleanly out.
   Then do they spend their mouths, echo replies,
   As if another chase were in the skies.

      By this poor wat far of, upon a hill
Stands on his hinder legs with listning ear,
To hearken if his foes pursue him still,
Anon their loud alarums he doth hear;
   And now his grief may be compared well
   To one sore sick, that hears the passing-bell.

      Then shalt thou see the dew-bedabled wretch
Turn and return, indenting with the way.
Each envious brier his weary legs doth scratch.
Each shadow makes him stop, each murmur stay.
   For, misery is trodden on by many
   And, being low, never relieved by any.

Kaninchen wonen, um die lermenden Verfolger
In ihrem Belfern aufzuhalten;
Oft mischt er sich auch unter eine Heerde Wild. –
List dient der Furcht, Gefahr lehrt Ränke. –

Denn da wird sein Geruch
Mit andern so vermischt,
Daß er die Hunde, welche sonst
Die heisse Spur erspäh'ten, irre macht,
Und sie ihr laut Geschrei so lange hemmen,
Bis sie sorgfältig seinen Weg,
Mit vieler Müh erspürt.
Dann greifen sie die lauten Mäuler an;
Echo erwiedert das Gebell,
Als wäre in der Luft noch eine Jagd.

Indessen steht der arme Ramler fern
Auf einem Hügel, mit gespiztem Ohr,
Auf seinen Hinterfüssen, um zu horchen,
Ob seine Feinde ihn annoch verfolgen.
Er höret ihren lauten Lerm,
Und jezt ist seine Traurigkeit
Wol zu vergleichen einem tödlich Kranken,
Der das Geläut der Sterbeglocke hört. –

Dann wirst du sehn, wie sich
Das arme, taubeträufte Tier,
Wie es sich wendt, und wieder wendet,
Den Weg bald hie, bald dort mit seiner
Verwirten Spur bezeichnend.
Ein jeder tük'scher Dorn,
Zerkrazt ihm seine müden Beine;
Ein jeder Schatten hemmet seinen Weg;
Und jedes Rauschen hält ihn auf.
Denn Elend wird von vielen
Zertreten, und weil es so niedrig ist,
Von niemanden gelabt. –

Lie quietly, and hear a little more.
Nay, do not struggle, for thou shalt not rise.
To make thee hate the hunting of the boar,
Unlike myself thou hear'st me moralise,
Applying this to that and so to so:
For love can comment upon every woe.

Where did I leave? No matter where, quoth he,
Leave me and then the story aptly ends.
The night is spent. Why, what of that? quoth she,
I am, quoth he, expected of my friends,
And now 't is dark, and going I shall fall.
In night, quoth she, desire sees best of all.

But if thou fall; oh! then imagine this:
The earth, in love with thee, thy footing trips,
And all is but to rob thee of a kiss.
Rich prey makes rich men thieves, so do thy lips
Make modest Diana cloudy and forlorn,
Lest she should steel a kiss and die forsworn.

Now of this dark night I perceive the reason:
Cynthia for shame obscures her silver shine,
Till forging Nature be condemn'd of treason
For stealing moulds from Heav'n that were divine,
Wherein she fram'd thee in high Heav'n's despight,
To shame the sun by day and her by night.

Lieg still, und hör' ein wenig mehr. –
O! ringe doch nicht so, ich las dich noch nicht auf.
Um dir die Eberjagd verhast zu machen
Moralisir' ich so,
Was meine Weise sonst nicht ist.
Deswegen füg ich Saz an Saz
Und Period' an Periode;
Denn über jedes Elend kann
Die Liebe kommentiren.

Wo lies ichs? Einerlei! sagt er,
Las du nur mich! So endet die Geschichte gut.
Die Nacht ist schon dahin. –
Was macht denn das? sagt sie. –
Mein harren meine Freund' erwiedert' er,
Und nun ists finster; wenn ich gehe werd' ich fallen.
Bei Nacht, antwortet sie,
Sieht Lieb' am allerbesten.

Doch wenn du fällst, dann denke dies:
Die Erd', in dich verliebt,
Macht deinen Fustrit gleiten,
Um dir nur einen Kus zu rauben.
Denn reiche Beute macht die reichen stehlen:
So machen deine Lippen, daß
Die keusche Luna sich in Wolken hüllt;
Sonst möchte sie ein Küschen dir entwenden,
Und dann meineidig sterben.

Nun merk ich warum diese Nacht so dunkel ist:
Aus Scham verdüstert Cynthia den Silberschein,
Bis die betrüg'rische Natur
Des Hochverrats geziehen werde,
Die aus dem Himmel
Die Formen stahl, worin
Sie dich, dem hohen Himmel
Zum Troz, gebildet, um bei Tag die Sonne
Und sie bei Nachte zu beschämen.

And therefore hath she brib'd the destinies,
To cross the curious workmanship of Nature,
To mingle beauty with infirmities
And pure perfection with impure defeature,
Making it subject to the tiranny
Of sad mischances and much misery.

As: burning fevers, agues pale and faint,
Life-pois'ning pestilence, and frenzies wood,
The marrow-eating sickness, whose attaint
Disorder breeds by beating of the blood,
Surfeits, imposthumes, grief and damned despair
Sweat Nature's death for framing thee so fair.

And not the least of all these maladies,
But in one minute's sight brings beauty under,
Both favour, savour, hue and qualities,
Whereat th' imperial gazer late did wonder,
Are at a sudden wasted, thaw'd and done,
As mountain snow melts with the midday fun.

Therefore, despight of fruitless chastity!
Love-lacking Vestals and selfloving Nuns,
That on the earth would breed a scarcity,
And barren dearth of daughters and of sons!
Be prodigal. The lamp, that burns by night,
Dries up his oil to lend the world his light.

Darum bestach sie auch die Parzen,
Das wunderbare Meisterwerk
Der bildenden Natur zu schmälern,
Die Schönheit zu vermischen
Mit Schwachheiten, die reine
Volkommenheit mit unvolkomnem Makel,
Indem sie es der Tyrrannei
Betrübter Unglücksfälle,
Und vielen Elends unterwürfen. –

Daher des Fiebers Glut;
Daher die blassen, schwachen Seuchen.
Daher vergiftet nun die Pest das Leben.
Daher die Wut der Raserei;
Und daher jenes Uebel, das
Erzeugt von Unordnungen
Des klopfenden Geblüts, das Mark zerfrist.
Daher die Ueberfüllungen, Geschwüre,
Melancholie, und die verdamliche
Verzweifelung, der Tod der holden
Natur, zur Strafe, daß sie dich so schön gebildet.

Keins dieser Uebel ist so klein, daß es
Die Schönheit nicht im Angesicht' einer
Minuten überwältigte.
Anmut, und Reiz, und Farb, und Bildung,
Die neulich noch der königliche Zuschau'r
Bewunderte, sind plözlich
Verwüstet, und dahin geschmolzen,
Wie Bergschnee vor der Mittagssonne schmilzt.

Drum, Troz der unfruchtbaren Keuschheit!
Ihr liebentbehr'nden Vestalinen,
Und in euch selbst verliebte Nonnen!
Ihr, die ihr Dürftigkeit, und dürren Mangel
An Söhnen und an Töchtern über
Die Erde bringen würdet, seid

What is thy body, but a swallowing grave.
Seeming to bury that posterity,
Which by the right of time thou needs must have,
If thou destroy them not in their obscurity?
If so, the world will hold thee in disdain,
Sith in thy pride so fair a hope is slain.

So in thyself thyself art made away
A mischief, worse, than civil home-bred strife,
Or theirs whose desp'rate hands themselves do slay,
Or butcher sire that reaves his son of life.
Foul, cank'ring rust the hidden treasure frets;
But gold, that's put to use more gold begets.

Nay then, quoth Adon, you will fall again
Into your idle, overhandled theam;
The kiss I gave you is bestowed in vain,
And all in vain you strife against the stream.
For by this black-faced night, desires full nurse!
Your treatise makes me like you worse and worse.

Verschwenderisch. Die Lampe, die
Bey Nachte brennt, verzert ihr Oel,
Der Welt zu leuchten.

Was ist dein Leib, als ein verschlingend Grab,
Das die Nachkommenschaft
Begräbt, die, nach den Rechten
Der Zeit, du haben müstest,
Wenn du sie nicht in ihrer
Verborgenheit vertilgst?
Und thust du das: so wird
Die ganze Welt dich tief verachten,
Indem dein Stolz so schöne Hofnungen erschlug;
So wirst du selber durch dich selbst vernichtet.
Ein Uebel ärger, als
Der bürgerliche, heimerzeugte Krieg;
Und ärger als, was die anrichten,
Die mit verzweiflungsvoller Hand
Sich selbst ermorden; oder, das
Ein mezgerischer Vater tut,
Der seinem Sohn das Leben raubt. –
Verborgne Schätze frist der arge,
Krebsart'ge Rost; allein
Gold im Gebrauch zeugt neues Gold.

Ach! rief Adon! du kömmst schon wieder
Auf dein so eitles, abgedroschnes Thema.
Der Kus, den ich dir vor gegeben, ist
Umsonst verschwendet.
Und das ist gar umsonst,
Daß du so gegen Strom arbeitest.
Denn, bey dem schwarzen Angesichte dieser Nacht,
Der Wollust reichen Närerin!
Dein Ueberreden
Macht mich, gleich dir, nur schlimmer.

If love hath lent you twenty thousand tongues,
And ev'ry tongue more moving than your own,
Bewitching, like the wanton mermaids' songs
Yet from mine ear the tempting tune is blown.
For know my heart stands armed in mine ear,
And will not let a false sound enter there;

Lest the deceiving harmony should run
Into the quiet closure of my breast;
And then my little heart were quite undone,
In his bedchamber to be barr'd of rest.
No, Lady, no, my heart longs not to groan,
But soundly sleeps while now it sleeps alone.

What have you urg'd that I cannot reprove?
The path is smooth that leadeth unto danger.
I hate not love, but your device in love,
That lends embracements unto ev'ry stranger.
You do it for increase? O strange excuse!
When reason is the bawd to lust's abuse.

Call it not love, for love to heav'n is fled
Since sweating lust on earth usurps his name;
Under whose simple semblance he has fed
Upon bresh beauty, blotting it with blame,
Which the hot tirant stains, and soon bereaves,
As caterpillers do the tender leaves.

Und hätte dir die Liebe zwanzig tausend Zungen
Verliehn, und jede noch beredter als die deine,
Bezaubernd, gleich dem Sange bulender Sirenen:
Doch würde der verfürerische Ton
Von meinem Ohr verweht:
Denn wiß' es steht mein Herz, bewafnet,
In meinem Ohr, und wird nicht einen falschen Ton
Einschlüpfen lassen,
Damit nicht die betrügerische Harmonie
Sich in die stille Wohnung meiner Brust
Eindräng', und so mein kleines Herzchen ganz
Unglücklich mache, und
In seiner Kammer ihm die Ruh versperre.
Nein, Dame, nein, mein Herz
Hat keine Lust zu seufzen.
Es schläft gar sanft
So lang' als es alleine schläft. –

Und was für Gründe hast du angeführt,
Die ich nicht wiederlegen kann? –
Der Pfad ist sanft der zu Gefaren leitet;
Ich hasse nicht die Liebe,
Nur dein Betragen bey der Liebe,
Das jedem Fremdlinge Umarmungen
Anbietet. – Du thust das zum besten der
Bevölkerung? – O! sonderbarr' Entschuldigung!
Wird die Vernunft der Wollust Kuplerin?

Nenn das nicht Liebe; denn die Liebe ist
Zum Himmel aufgeflohn, seit dem
Die schweisbetriefte Wollust
Auf Erden ihren Namen
Misbraucht, und unter ihrem
Unschuld'gen Bilde an der frischen Schönheit nagt,
Mit Makel sie befleckt,
Und bald, der gierige Tiran! sie aussaugt,
Wie Raupen zarte Blätter.

Love comforteth, like sun-shine after rain:
But lust's effect is tempest after sun.
Love's gentle spring doth allways fresh remain:
Lust's winter comes e'er summer half be done.
Love surfeits not: lust like a glutton dies.
Love is all truth; lust full of forged lies.

More I could tell, but more I dare not say:
The text is old, the orator too green,
Therefore in sadness now I will away;
My face is full of shame, my heart of teen!
Mine ears, that to your wanton calls attended,
Do burn themselves for having so offended.

With this he breaketh from the sweet embrace
Of those fair arms, which bound him to her breast;
And homeward thro' the dark lanes runs apace.
Leaves Love upon her back deeply distrest.
Look! how a bright star shooteth from the sky,
So glides he in the night from Venus' eye.

Which after him she darts as one on shore,
Gazing upon a late embarked friend,
Till the wild waves will have him seen no more,
Whose ridges with the meeting clouds contend:
So did the mercyless and pitchy night
Fold in the object, that did feed her sight.

Die Lieb' erquickt, wie Sonnenschein,
Nach Regen, und der Wollust Wirkung ist,
Wie Sturm nach Sonnenschein.
Der Liebe holder Frühling bleibt beständig frisch:
Allein der Wollust Winter kommt,
Eh nur der Sommer halb geendet.
Die Liebe übersättiget sich nie:
Die Wollust stirbt den Tod des Vielfras.
Die Lieb' ist lauter Wahrheit:
Die Wollust voll betrügerischer Lügen. – – –

Ich könnte mehr noch sagen,
Allein das darf ich nicht.
Der Text ist alt, der Redner gar zu jung:
Drum will ich jezt in Traurigkeit hinweg.
Mein Angesicht ist voll von Scham,
Mein Herz voll Aerger; meine Ohren,
Die deinem bulerischen Ruf zuhörten,
Verbrennen sich zur Strafe für ein solch Verbrechen.

Und hiemit bricht er durch die süsse
Umfassung jener schönen Arme,
Die ihn an ihre Brust anbanden.
Renn't eilig durch die dunkeln Gassen hin,
Und läst die Liebesgöttin, tief betrübt,
Auf ihrem Rücken liegen. – Siehe! wie
Ein heller Stern schnell aus der Luft
Herabschießt, so entgleitet
Er in die Nacht aus Venus Augen.

Und sie schiest solche Blick' ihm nach,
Als einer, der am Ufer einem
Erst eingeschiften Freund nachschaut,
Bis ihn die wilden Wellen, deren Gipfel an
Die hohen Wolken stossen,
Vor dem Gesicht verhüllen. –

Whereat amaz'd as one that unaware
Hath dropt a precious jewel in the flood,
Or 'stonish'd as nightwandrers often are,
Their light blown out in some mistrustful wood
Ev'n so confounded in the dark she lay,
Having lost the fair discovery of her way.

And now she beats the heart whereat it groans,
That all the neighbour-caves, as seeming troubled,
Make verbal repetition of her moans.
Passion on passion deeply is redoubled.
Ah me! she cries and twenty times: woe! woe!
And twenty echos twenty times cry so.

She, marking them begins a wailing note,
And sings extemp'rally a woefull ditty:
How love makes young men thrall, and old men dote,
How love is wise in folly, foolish witty.
Her heavy anthem still concludes in woe,
And still the quire of echos answer so.

So faltete die unbarmherzige
Pechschwarze Nacht den Gegenstand
In ihre Schatten ein, der Venus Augen labte,
Darob sie so erschrickt, als einer
Der unversehens einen kostbaren Juwel
Ins Wasser fallen lies;
O'r so wie sich Nachtreisende entsetzen,
Wenn ihre Leucht' in einem
Unsichern Walde ausgeblassen wird:
Gerade so betäubt, lag sie im dunkeln da,
Nachdem sie ihren schönen
Wegweiser nun verloren.

Nun schlägt sie an ihr Herz,
Das von den Schlage so erseufzt,
Daß alle Hölen rund umher,
Als rührte sie ihr Kummer,
Die Seufzer wörtlich wiederholen.
Und nun verdoppelt tief
Sich Leidenschaft auf Leidenschaft.
Weh mir! ruft sie, und zwanzig mal: Weh! Weh!
Und zwanzig Echos rufen
Es zwanzig mal ihr nach.

Und da sie das bemerkt, beginnt sie eine
Betrübte Melodie,
Und singt alsbald ein traurig Lied:
Wie Liebe junge Leute spröd,
Und alte zärtlich seufzen macht;
Wie Lieb in Torheit weise,
In Weisheit törig ist;
Und allemal beschliest ihr Klaggesang mit Weh,
Und allemal erwiederte
Der Echo'n Chor also.

Her song was tedious and outwore the night,
For lovers' hours are long, tho' seeming short.
If pleas'd themselves, others they think delight
In such like circumstance, with such like sport.
Their copious stories oftentimes begun,
End without audience and are never done.

For whom has she to spend the night withall,
But idle sounds, resembling parasites?
Like shrill-tongu'd tapsters answring ev'ry call,
Soothing the humour of fantastick wits?
She said: 't is so; they answer all: 't is so,
And would say after her if she said no.

Loe! here the gentle lark, weary of rest,
From his moist cabinet mounts up on high;
And wakes the morning, from whose silver breast
The sun ariseth in his majesty,
Who doth the world so gloriously behold,
The cedar tops and hills seem burnish'd gold.

Venus salutes him with this fair good morrow:
O! thou clear God and patron of all light,
From whom each lamp and shining star doth borrow
The beauteous influence that makes him bright!
There lives a son, that suck'd an earthly mother,
May lend thee light, as thou dost lend to other.

Ihr Lied war langeweilig,
Und dauerte die Nacht hindurch.
Die Stunden Liebender sind lang
Obgleich sie ihnen kurz bedünken.
Ergötzen sie sich selbst: so glauben sie,
Daß andern auch ein gleicher Zeitvertreib
Behage. Ihre vielen
Geschichten werden oft begonnen,
Auch ohne Hörer, und sind nie zu Ende.

Mit wem kann sie die Nacht zubringen,
Als nur mit leeren Tönen, die Schmarozern gleichen,
Und wie hellzüngige Bierzapfer,
Antwortend jedem Rufe, ihrer
Fantast'schen Laune schmeicheln? – Sagte sie:
'S ist so: erwiederten sie all': 's ist so;
Und sagten in dem Augenblick,
Wenn sie 's vorsagte, nein, ihr nach.

Doch, siehe! Hier schwingt sich die edle Lerche,
Der Ruhe sat, aus ihrer feuchten Kammer auf;
Und wekt den Morgen,
Von dessen Silberbrust sich Phöbus
In seiner Majestät erhebt,
Und nun die Welt mit solchem Glanz anblikt,
Daß Cedernwipfel, und ein jeder Hügel,
Polirtem Golde gleichen.
Ihn grüsset Venus
Mit diesem trauten Morgengrus:

Du reiner Gott! Beschützer alles Lichts!
Von welchem jede Lampe,
Und jeder glanzbestrahlte Stern
Den schönen Einflus borget, der
Ihn glänzen macht.
Es lebt ein Sohn, den eine ird'sche Mutter
Gesäugt, der kann dir Licht verleihen,
Wie du es andern leih'st. –

This said she hasteth to a mirtle grove,
Musing, the morning is so much o'erworn;
And yet she hears no tidings of her love.
She hearketh for his hounds and for his horn.
Anon she hears them chaunt it lustily;
And all in haste she coasteth to the cry.

And as she runs, the bushes in the way,
Some catch her by the neck, some kiss her face,
Some twine about her thigh, to make her stay:
She wildly breaketh from their strict embrace,
Like a milk doe, whose swelling dugs do ake
Hasting to feed her fawn, hid in some brake.

By this she hears, the hounds are at a bay,
Whereat she starts, like one, that spies an adder,
Wrest up in fatal folds, just in his way;
The fear whereof doth make him shake and shudder.
Ev'n so the tim'rous yelping of the hounds
Apals her senses and her spirit confounds.

For now she knows it is no gentle chase,
But the blunt boar, rough bear, or lion proud;
Because the cry remaineth in one place,
Where fearfully the dogs exclaim aloud.
Finding their enemy to be so curst
They all strain curt'sy, who shall cope him first.

Nach diesen Worten eilet sie
Zu einem Myrtenhaine, schmollend.
Daß von dem Morgen schon so viel dahin,
Und sie noch nichts von ihrem Lieben hört.
Sie horcht nach seinen Hunden
Und nach dem Horn:
Jezt hört sie 's laut erschallen,
Und rennt mit voller Eil dem Schalle nach.

Und wie sie läuft, erhaschen
Die Büsch' im Wege sie, teils bey dem Hals,
Teils küssen ihr Gesicht,
Und teils umschlingen ihre Hüften,
Um nur sie aufzuhalten.
Sie aber bricht mit wilder Eil
Aus ihren fest umschliessenden Umarmungen;
Gleich einer melken Hindin, deren
Geschwolne Euter schmerzen, welche eilt,
Ihr junges das in einem Busche sie
Verborgen hat, zu säugen.

Nun hört sie das Gebell der Hunde,
Wovor sie so erschrikt, als einer
Der eine Otter,
Verschlungen in fatale Falten
Gerad in seinem Weg' erblikt,
Darob die Furcht ihn schaudern und erzittern macht:
So schrekt der Hunde furchtsam Bellen ihre Sinne,
Verwirrt so ihren Geist.
Denn nun weis sie: 's ist keine leichte Jagd,
Es ist der rauhe Eber, zott'ge Bär,
O'r stolze Löw';
Weil immer das Geschrei an einem Orte bleibt,
Wo, voller Furcht, die Hunde
Laut aufschrei'n, weil sie ihren Feind
So grimmig finden,
Weteifernd welcher ihn zuerst erpacke.

This dismal cry rings sadly in her ear,
Through which it enters to surprise her heart,
Who, overcome by doubt and bloodless fear;
With cold, pale weakness nums each feeling part;
Like soldiers, when their captain once doth yield,
They basely fly, and dare not stay the field.

Thus stands she in a trembling ecstasy,
Till, chearing up her senses sore dismaid,
She tells them, 'tis a causeless fantasy,
And childish error, that they are afraid;
Bids them leave quaking, wills them fear no more.
And with that word she spied the hunted boar.

Whose frothy mouth, bepainted all with red,
Like milk and blood being mingled both together,
A second fear through all her sinows spred;
Which madly huries her she knows not whither.
This way she runs and now she will no further,
But back retires to rate the boar for murder.

A thousand spleens bear her a thousand ways,
She treads the path, that she untreads again.
Her more than haste is marred with delays,
Like the proceedings of a drunken brain,
Full of respect, yet not at all respecting,
In hand with all things, not at all affecting.

Das schreckliche Geschrei
Tönt melancholisch in ihr Ohr;
Und dringt hindurch, ihr Herz zu überfallen,
Das, überwunden
Von Zweifel und blutloser Furcht,
Mit kalter, blasser Schwäche jeden
Empfindungsfäh'gen Teil erstarren macht: –
So wie Soldaten, wenn ihr Fürer sich ergiebt,
Feig fliehen, und das Feld nicht zu behaupten wagen. –

So stand sie da in zitternder Betäubung,
Bis sie die tiefbetrübten Sinn' ermannt,
Und ihnen sagt, es sei grundlose Fantasei,
Ein kind'scher Irtum, welcher sie,
So furchtsam macht; – sie heist,
Von solcher Furcht ablassen,
Und nicht mehr zittern. –

Bei diesem Wort' erblickt sie den gejagten Eber,
Des schaumbesprühter Rachen, überal
Mit Rot bemalt, – wie Milch und Blut,
Zusamm gemischet, – eine zweite Furcht
Durch alle ihre Nerven spreitet, die
Sie wild umher treibt, sie weis selber nicht wohin;
Jezt läuft sie diesen Weg, hält plözlich ein,
Und kehrt zurück den Eber Mords zu zeihen.

So bringen tausend melanchol'sche Launen sie
Auf tausend Wege; Sie verläst den Steig,
So sie den Augenblick vorher betrat.
Und ihre gar zu grosse Eil
Wird aufgehalten vom Verzug,
Gleich dem Verfaren eines trunknen Hirns,
Das voll Bedenklichkeiten nichts bedenkt,
Mit allem sich bemengt und nichts volbringt.

Here kennell'd in a brake she finds an hound,
And asks the weary caitiff for his master;
And there another licking off his wound,
'Gainst venom'd sores the only soverain plaister;
And here she meets another sadly scolding,
To whom she speaks, and he replies with howling.

When he had ceas'd his ill resounding noise,
Another flap-mouth'd mourner, black and grim,
Against the welkin vollies out his voice.
Another and another answer him
Clapping their proud tails to the ground below,
Shaking their scratcht ears, bleeding as they go.

Look! How the world's poor people are amaz'd
At apparitions, signs and prodigies,
Whereon with fearful eyes they long have gaz'd,
Infusing them with dreadful prophesies:
So she at these sad signs draws up her breath,
And sighing it again exclaims on death.

Hardfavour'd tyrant, ugly, meagre, lean,
Hateful divorce of love! (thus chides she death)
Grimgrinning ghost! earth's worm! What dost thou mean
To stifle beauty and to steal his breath,
Who when he liv'd, his breath and beauty set
Gloss on the rose, smell to the violet?

Hier sieht sie einen Hund im Busch gestrekt,
Und fragt das müde Tier nach seinem Herrn.
Dort liegt ein andrer und leckt seine Wunden,
Das einz'ge Pflaster gegen giftige Beschädigungen,
Und hier begegnet sie noch einem andern,
Des trauriges Gebelfer ihre Anred mit
Geheul erwiedert. Und da dieser
Sein häslich klingendes Geheul geendet
Sties, schwarz und scheuslich,
Ein andrer traurender
Aus dem herabgehängten Maul
Die Stimme gegen
Den Himmel aus.
Ein anderer, und noch ein andrer
Antworten ihm,
Die stolzen Schwänze auf den Boden
Herabgehängt, und die zerkrazten Ohren schüttelnd. –
Blut träufelt wie sie gehen auf den Weg.

So, wie das arme Völkchen dieser Welt,
Ob Zeichen, Misgeburten und
Erscheinungen erstaunt,
Die lang' ihr furchtsam Aug begafte,
Und sie mit schreklichen Weissagungen begeistern:
So holt bei diesen trauervollen Zeichen sie
Den Atem tief herauf,
Und schilt, indem sie ihn wegseufzt,
So auf den Tod:

Du misgeschaffener Tirann!
Dürr, ungestalt, und hager!
Du gräslich grinzendes Gespenst!
Der Liebe haserfüllte Scheidung!
Du Wurm der Erde!
Was ists, das dich bewegt
Die Schönheit zu ersticken,

If he be dead, oh! no it cannot be,
Seing his beauty thou shouldst strike at it.
O! yes it may! Thou hast no eyes to see,
But hatefully at random dost thou hit.
Thy mark is feeble age, but thy false dart
Mistakes that aim and cleaves an infant's heart.

Hadst thou but bid: beware! than had he spoke;
And hearing him thy power had lost his pow'r.
The destinies will curse thee for this stroke.
They bid thee crop a weed, thou pluckst a flower.
Love's golden arrow at him should have fled,
And not death's ebon dart to strike him dead.

Dost thou drink tears, that thou provok'st such weeping?
What may a heavy groan advantage thee?
Why hast thou cast into eternal sleeping
Those eyes, that taught all other eyes to see?
Now Nature cares not for thy mortal vigour,
Since her best work is ruin'd with thy rigour.

Zu stehlen dessen Atem, welcher, als er lebte,
Durch seine Schönheit und durch seinen Hauch
Der Rose Glanz, dem Veilchen Wolgeruch verlieh?

Und ist er tod: – doch nein es ist unmöglich.
Du kannst ihn nicht erschlagen,
So bald du seine Schönheit siehst. –
Doch ja! – es mag wol seyn! –
Du hast ja keine Augen, kannst nicht sehn;
Dein Grim trift nach dem Ohngefehr.
Das schwache Alter ist dein Ziel;
Allein dein falscher Pfeil verfehlt das Ziel
Und spaltet eines Kindes Herz.

Hätt'st du nur: vorgesehn! gerufen;
Dann hätte er gesprochen, und
So bald du seine Stimme hörtest,
Hätt deine Macht all ihre Kraft verlohren. –
Die Parzen werden dich für diesen Streich verfluchen.
Sie heissen dich ein Unkraut gäten:
Und du pflückst eine Blume. –
Der Liebe goldner Bogen solte
Nach ihm geschnellet seyn,
Und nicht des Todes ebenhölzernes Geschos,
Um ihn zu tödten. –

Trinkst du wol Tränen,
Daß du solch Weinen schafst?
Was mag ein schwerer Seufzer dir für Vorteil bringen? –
Warum hast du in ew'gen Schlaf
Die Augen hingesenkt,
Die alle andre sehen lehrten? –
Nun achtet die Natur nicht mehr
Auf deine tödliche Gewalt,
Da deine Grausamkeit
Ihr bestes Werk vernichtet hat.

Here overcome, as one full of despair,
She veil'd her eye-lids, which like sluces stopp'd
The crystal tide, that from her two cheeks fair
In the sweet cannel of her bosom dropp'd.
But thro' the flood-gates break's the silver rain
And with his strong course opens them again.

O! how her eyes and tears did lend and borrow!
Her eyes seen in her tears, tears in her eyes;
Both crystals, where they view'd each other's sorrow,
Sorrow, that friendly sighs sought still to dry.
But like a stormy day, now wind now rain,
Sighs dry her cheeks, tears make them wet again.

Variable passions throng her constant woe,
As striving which should best become her grief.
All entertain'd each passion labours so,
That ev'ry present sorrow seemeth chief:
But none is best; then join they all together,
Like many clouds consulting for foul weather.

By this far off she hears some huntsman hollow,
A nurse's song ne'er pleas'd her babe so well.

Hier senkte, überwunden, sie,
Gleich einem, voll Verzweiflung, ihre Augenlieder,
Die, Schleusen gleich, die Flut aufhielten, so
Von ihren schönen Wangen
Herabflos in den süssen
Kanal des Busens:
Allein der Silberregen
Bricht durch die Schleusentüren, und eröfnet
Durch seinen starken Lauf sie wiederum.

O! wie nun ihre Augen
Und ihre Tränen liehn und borgten!
Die Augen sah man in den Tränen,
Und Tränen in den Augen;
Kristallen beide, sahn
Sie wechselseitig ihren Kummer,
Den Kummer, den beständig
Freundliche Seufzer trocknen wolten;
Allein, so wie an einen stürmschen Tage,
Bald Wind, bald Regen:
So trocknen Seufzer ihre Wangen,
Und Tränen netzen sie hinwieder.

Verschiedne Leidenschaften drängen ihr
Beständig Leid, weteifernd, welche
Am besten sich mit ihrem Grame paaren werde.
Und da sie all' aufnimt: so würket jede so,
Daß allemal der gegenwärt'ge Gram
Der gröste scheint;
Doch Siegerin ist keine. –
Und dann vereinen sie sich alle mit einander,
Gleich vielen Wolken,
Die schlimmen Wetters wegen sich beraten.

Indessen hört fernher sie einen Jäger rufen.
Der Amme Sang vergnügte nie ein Kind so sehr. –

The dire imagination she did follow.
This found of hope doth labour to expell:
For now reviving joy bids her rejoice,
And flatters her it is Adonis' voice.

Whereat her tears began to turn their tide,
Being prison'd in her eye, like pearls in glass.
Yet sometimes falls an orient drop beside,
Which her cheek melts as scorning it should pass,
To wash the foul face of the sluttish ground.
Who is but drunken, when he seemeth drown'd.

O! hard believing love! How strange it seems,
Not to believe and yet too credulous!
Thy well and woe are both of them extremes.
Despair and hope make thee ridiculous.
The one doth flatter thee in thoughts unlikely,
With likely thoughts the other kills thee quickly.

Now she unweaves the web that she had wrought.
Adonis lives, and death is not to blame.
It was not she, that call'd him all too nought.
Now she adds honour to his hateful name:
She clepes him king of graves and grave for kings,
Imperial supreme of all mortal things.

Die schrecklichen Vorstellungen,
Die sie bis dahin noch verfolgte,
Strebt dieser Ton der Hofnung
Aus ihrem Sinne zu vertreiben.
Die neu belebte Freude heist
Sie nun, sich freuen;
Und schmeichelt ihr es sei Adonens Stimme.

Darob begannen ihre Tränen
Den Strom zu wenden.
In ihre Augen eingekerkert, gleichen sie
Jezt Perl'n in Glase.
Doch fällt noch oft ein glänzend Tröpfchen
Heraus, das ihre Wang zerschmelzt,
Als hielte sie's zu gut, das schlechte Angesicht
Des schmuz'gen Bodens abzuwaschen,
Der nur betrunken ist,
Wenn er ertränket scheint. – –

O! du ungläub'ge Liebe! –
Wie sonderbar scheint es! Ungläubig, und
Doch zu leichtgläubig!
Dein Glück und Unglück, beide sind
Ausschweifungen. Verzweiflung
Und Hofnung macht dich lächerlich.
Die eine schmeichelt dir
Mit unwahrscheinlichen,
Die andre tödtet schnell
Dich mit wahrscheinlichen Gedanken. – –

Nun löst sie das Gewebe,
Das sie gewebt hat, wieder auf.
Adonis lebt, und also ist der Tod
Auch nicht zu tadeln.
Das war nicht sie, die ihn nichtswürdig nannte.
Jezt tut sie seinem

No, no! quoth she, sweet death, I did but jest!
Yet, pardon me, I felt a kind of fear,
When as I met the boar, that bloody beast,
Which knows no pity, but is still severe.
Then, gentle shadow, truth I must confess,
I rail'd on thee fearing my love's decease.

'Tis not my fault, the boar provok'd my tongue.
Be wreak'd on him, invisible commander!
'Tis he, foul creature, that has done thee wrong;
I did but act, he's author of thy slander.
Grief has two tongues, and never woman yet
Could rule them both without ten women's wit.

Thus hoping, that Adonis is alive,
Her rash suspect she doth extenuate.
And that his beauty may the better thrive,
With death she humbly doth insinuate.
Tells him of trophies, statues, tombs, and stories
His victories, his triumphs and his glories.

Verhaßten Namen Ehre an.
Betitelt ihn der Gräber König,
Und Grab für Könige,
Und unbeschränkter Herscher
Von allem Sterblichen.

Nein, Nein, sagt sie, mein lieber Tod!
Ich scherzte nur, und doch –
Vergieb es mir, – ich fühlte eine
Gewisse Furcht als ich dem Eber
Begegnete; das mörderische Tier
Kennt kein Mitleid, ist immer grausam.
Da schmält' ich, edler Schatten! –
Die Wahrheit zu gestehn, – auf dich;
Denn ich befürchtete,
Mein Liebling wäre schon dahin.

Das ist nicht meine Schuld;
Der Eber reizte meine Zunge.
Räch dich an ihm, du unsichtbarer Fürst!
'S ist dies verworfene Geschöpf,
Das dich beleidigt hat.
Ich war nur Werkzeug, er ist Stifter deiner
Verläumdung. – Traurigkeit
Besizt zwei Zungen, und kein Weib
Hat beide noch regieret, ohne den
Verstand zu haben von zehn Weibern.

So sucht sie in der Hofnung, daß
Adonis lebe, ihren raschen
Verdacht nun zu verringern,
Und schmeichelt unterwürfig
Dem Tod, um seiner Schönheit Blüte zu
Verlängern; schwatzt ihm von
Trophäen, von Statuen, Grabmälern, und
Zählt seine Siege, seine
Trumf', und seinen Ruhm zusammen.

O Jove! quoth she, how much a fool was I!
To be of such a weak and silly mind!
To wail his death, who lives and must not die,
Till mutual overthrow of mortal kind!
For he being dead, with him is beauty slain;
And beauty dead, black chaos comes again.

Fie, fie! fond love! thou art so full of fear,
As one with treasure laden, hem'd with thieves.
Trifles, unwitnessed with eye or ear,
Thy coward heart with false bethinking grieves.
Even at this word she heard a merry horn,
Whereat she leaps, that was but late forlorn.

As faulcon to the lure, away she flies,
The grass stoops not, she treads on it so light,
And in her haste unfortunately spies
The foul boar's conquest on her fair delight,
Which seen, her eyes, as murder'd with the view,
Like stars, asham'd of day, themselves withdrew.

Or as the snail, whose tender horn being hit,
Shrinks backward in his shelly cave with pain,
And there all smother'd up in shade doth sit,
Long after fearing to creep forth again:
So at his bloody view her eyes are fled
Into the deep, dark cabins of her head.

O Jupiter! rief sie, wie war ich doch
So eine Närrin, solches schwachen,
Einfältigen Verstandes, dessen
Tod zu beweinen, welcher lebt,
Und gar nicht sterben kann,
Bis an den gegenseitigen
Zusammensturz des menschlichen Geschlechts!
Durch seinen Tod wird ja
Die Schönheit selbst erschlagen, und
Dann käme ja das schwarze Chaos wieder.

Fui! Närrsche Liebe!
Du bist so voller Furcht als einer,
Mit Schätzen schwer beladen und umringt von Räubern.
Dein feiges Herz härmt sich mit falscher Furcht
Ob Kleinigkeiten,
Die weder Aug noch Ohr bezeugt.
Dies Wort noch sprechend hörte sie
Ein frölich Horn und hüpft vor Freuden,
Sie, die noch eben in Verzweiflung war.

So wie zum Atz ein Falke fliegt,
So eilet sie dahin, so leichten Trits,
Daß unter ihrem Fusse sich keine Gräschen bückt.
Und ach! Unglückliche! in ihrer Eil –
Sieht sie des argen Ebers
Sieg über ihre schöne Lust. –
Und wie sie 's sieht verbergen ihre Augen, als
Ermordet von dem Anblick, sich;
Gleich Sternen, welche sich vorm Tage schämen,
O'r wie die Schnecke, die
So bald man ihre zarten Hörner
Berührt, mit Schmerz zurück,
In ihre Schalenhütte schrumpft,
Und eingekerkert, da
Im Schatten sizt, noch lang nachher

Where they resign'd their office and their light
To the disposing of her troubled brain,
Who bids them still consort with ugly night,
And never wound the heart with looks again,
Who, like a king, perplexed in his throne
By their suggestions gives a deadly groan.

Whereat each tributary subiect quakes,
As when the wind, imprison'd in the ground,
Strugling for passage earth's foundation shakes,
Which with cold terror doth man's mind confound.
This mutiny each part doth so surprise,
That from their dark beds once more leap her eyes.

And being open'd, threw unwilling sight
Upon the wide wound, that the boar had trench'd
In his soft flank, whose wonted lilly-white
With purple tears, that his wound wept, was drench'd,
No flower was nigh, no gras, herb, leaf or weed,
But stole his blood, and seem'd with him to bleed.

Zu furchtsam, wiederum hervor zu kriechen:
So flohn bei seinem blut'gen Anblick ihre Augen
In ihres Hauptes tiefe, dunkle Hölen,
Wo sie ihr Licht und ihren Dienst
Der Wilkür ihres kummervollen Hirns abtraten.
Und dies befiehlet ihnen,
Sich immerfort der häslichen
Nacht gleich zu stellen, und mit keinem Blicke wieder
Das Herze zu verwunden,
Das, einem König gleich, auf seinem Tron
Betäubt von Schrecken
Durch ihr Verkünden, einen Todesseufzer ächzt,
Daß jeder Untertan darob erzitert: –
Wie, wenn der Wind, im Boden eingekerkert,
Nach einem Durchgang ringt,
Und so der Erde Gründung schüttert, daß
Ein kalter Schrecken
Des Menschen Sin betäubt. –
Und diese Meuterei
Schreckt jeden Teil also,
Daß noch einmal die Augen
Hervor aus ihren dunkeln Betten springen.

Geöfnet warfen nun
Sie einen unfreiwill'gen
Blick auf die weite Wunde, welche
In seine sanfte Seite
Der Eber eingegraben,
Daß deren sonst gewöhnlich Liljenweis
In purpurfarbnen Tränen,
Die seine Wunde weint', ersäufet war.
Kein Blümchen war umher, kein Gräschen, Blat,
Kein Kraut, noch Unkraut, welches nicht
Von seinem Blute stahl,
Und nicht mit ihm zu bluten schien.

This solemn sympathy poor Venus noteth,
Over one shoulder doth she hang her head;
Dumbly she passions, frantickly she doteth.
She thinks he could not die, he is not dead,
Her voice is stop'd, her joints forget to bow,
Her eyes are mad, that they have wept till now.

Upon his hurt she looks so stedfastly,
That her sight dazling makes the wound seem three.
And then she reprehends her mangling eye,
That makes more gashes, where no breach should be.
His face seems twain, each several limb is doubled,
For oft the eye mistakes the brain being troubled.

My tongue cannot express my grief for one,
And yet, quoth she, behold two Adons dead.
My sighs are blown away, my salt tears gone.
Mine eyes are turn'd to fire, my heart to lead.
Heavy heart's lead; melt at mine eyes as fire;
So shall I die by drops of hot desire.

Alas! Poor world! What treasure hast thou lost!
What face remains alive, that's, worth the viewing?

Die arme Venus merket
Auf diese feierliche Sympathie.
Ihr Haupt auf eine Schulter
Herabgesenkt ergiebt sie sich dem stummen Gram,
Und der sinnlosen Leidenschaft. –
Sie glaubt er könn' nicht sterben, wäre auch nicht tod. –
Gehemmt ist ihre Stimm' und ihre Glieder
Vergessen alle Biegsamkeit. – Die Augen
Sind in Verzweiflung, daß sie je
Vor dieser Stunde weinten.

Sie blickt so fest auf seine Wunde hin,
Daß dem geblendten Blick sie dreifach scheint.
Drob schilt sie ihr zerfleischend Aug,
Das noch mehr Wunden schaft,
Wo auch nicht eine Schramme
Seyn solte. – Sein Gesicht scheint zwiefach,
Und doppelt jedes Glied:
Denn wo das Hirn in Unruh ist,
Da irret oft das Auge.

O! sagt sie, meine Zunge
Vermag nicht, meinen Kummer um den Tod
Des einen auszudrücken,
Und dennoch seh ich zwei Adonen tod. –
Verhaucht sind meine Seufzer,
Und meine salznen Tränen sind verweint;
Zu Feur sind meine Augen worden,
Mein Herz zu Blei. –
O! schmilz, du meines schweren Herzens Blei!
Schmilz an dem Feuer meiner Augen:
So werd ich sterben von
Den Tropfen meiner heissen Leidenschaft. –

O! arme Welt! Welch einen Schaz hast du verlohrn?
Wo lebt noch ein Gesicht, das nur des Ansehns wehrt?

Whose tongue is musick now? What canst thou boast
Of things long since, or any thing ensuing?
The flowers are sweet, their colour fresh and trim:
But true sweet beauty liv'd and dy'd in him.

Bonnet or veil henceforth no creature wear:
Nor sun nor wind will never strive to kiss you.
Having no fair to loose you need not fear.
The sun doth scorn you, and the wind doth hiss you.
But when Adonis liv'd, sun and sharp air
Lurk'd like two thieves, to rob him of his fair.

And therefore would he put his bonnet on.
Under whose brim the gaudy sun would peep.
The wind would blow it of, and being gone,
Play with his locks, then would Adonis weep:
And straight, in pity of his tender years,
They both would strive, who first should dry his tears.

To see his face the lion walks along
Behind some hedge, because he would not fear him.
To recreate himself when he has sung
The tyger would be tame and gently hear him.
If he had spoke, the wolf would leave his pray,
And never fright the silly lamb that day.

Wes Zung' ist jezt Musik?
Was kanst du jezt dich rühmen,
Von Dingen die schon lang dahin,
O'r noch zukünftig sind?
Süs sind wol Blumen, ihre Farben frisch und fein.
Allein die ware süsse Schönheit lebt'
Und starb mit ihm.

Hinfort darf kein Geschöpf Hut oder Schleier tragen.
Noch Wind, noch Sonne
Wird jemals streben euch zu küssen.
Die Sonne wird euch nur verachten, und
Der Wind zischt auch nur aus.
Allein da mein Adon noch lebte,
Da lauschten Sonn' und scharfe Luft,
Gleich zween Dieben,
Ihn seiner Schönheit zu berauben.

Darum bedekt' er sich mit seinem Hut,
Und dennoch gukt' oft unter dessen Rand
Die prachtumglänzte Sonne;
Der Wind weht' ihn herab,
Und spielte dann mit seinen Locken.
Dann weint' Adon; und straks
Beeiferten sich beid', aus Mitleid
Mit seiner zarten Jugend,
Wer seine Tränen
Am ersten troknen würde.

Um sein Gesicht zu sehen, ging
Der Löwe hinter eine Hecke,
Damit er ihn durch seinen Anblick nicht
Erschreckte; wenn er um sich aufzuheitern, sang:
So ward der Tyger zahm.
Und hörte ihm sanftmütig zu.
Der Wolf verlies auf sein

When he beheld his shadow in a brook
The fishes spread on it their golden gills,
When he was by, the birds such pleasure took,
That some would sing, some others in their bills
Would bring him mulberries and ripe red cherries,
He fed them with his sight, they him with berries.

But this foul, grim and urchin-snouted boar,
Whose downward eye still looketh for a grave,
Ne'er saw the beauteous liv'ry that he wore;
Witness the entertainment, that he gave.
If he did see his face, why, then I know,
He thought to kiss him and has kill'd him so.

Tis true, true, true! Thus was Adonis slain.
He ran upon the boar with his sharp spear,
Who would not whet his teeth at him again,
But by a kiss thought to persuade him there;
And nousling in his flank, the loving swine
Sheath'd unaware his tusk in his soft groin.

Zureden seinen Raub, und schreckte
Den ganzen Tag nicht wieder das
Arglose Lamm.

Wenn er in einem Bach
Nach seinem Schatten sah:
So spreiteten die Fische ihre
Vergoldten Kiefern drauf.
Den Vögeln machte seine Gegenwart
So grosse Freud, daß einige
Ihm sangen, andr' in ihren Schnäbeln
Maulbeeren brachten
Und reife, rote Kirschen.
Er närte sie mit seinem Anblick, und
Sie ihn mit Beeren.

Nur dieser arge scheusliche
Und igelschnauzigt' Eber,
Des niederwärts gekehrtes Aug
Beständig Gräber sucht,
Sah nie die schöne Uniform,
Die er getragen, davon zeuget seine
Begegnung gegen ihn.
Sah er sein Angesicht: o! dann bin ich gewis,
Er wollt' ihn küssen,
Und tödtete ihn so.

'S ist wahr! wahr! wahr!
So ward Adon erschlagen.
Er rannte auf den Eber los,
Mit seinem scharfen Speer,
Der Eber wollte gegen ihn
Nicht seine Zäne wieder wetzen, sondern suchte
Durch einen Kus ihn zu besänftigen.
Und da nun das verliebte Schwein,
Sich so an seiner Seiten weidete,
Sties unversehns es seinen Zahn
In seinen sanften Leib.

Had I been tooth'd like him, I must confess,
With kissing him, I should have kill'd him first.
But he is dead, and never did he bless
My mouth with his; the more am I accurst.
With this she falleth in the place, she stood,
And stains her face with his congealed blood.

She looks upon his lips, and they are pale.
She takes him by the hand, and that is cold.
She whispers in his ear a heavy tale,
As if he heard the woeful words, she told,
She lifts the cofferlids, that close his eyes,
Where, loe! two lamps, burnt out in darkness, lies.

Two glasses, where herself herself beheld
A thousand times, and now no more reflect,
Their virtue lost, wherein they late excell'd,
And ev'ry beauty robb'd of it's effect.
Wonder of time! quoth she, this is my spight,
That you being dead the day should yet be light.

Since thou art dead, loe! here I prophesy,
Sorrow on love hereafter shall attend.
It shall be waited on with jealousy,

Ich mus gestehn, wär ich so zahnbewehrt,
Wie er, ich hätte schon vorher
Mit Küssen ihn getödtet.
Doch er ist tod, und nie erquickte
Er meinen Mund mit seinen Küssen.
Um desto grösser ist mein Leid.
Bey dem Gedanken sinket sie danider, und
Beflecket ihr Gesicht
Mit seinem schon geronn'nem Blut.

Sie blikt auf seine Lippen hin,
Und die sind blas.
Sie fass't an seine Hand, und die ist kalt.
Sie flüstert in sein Ohr
Ein dumpfes Klagelied, als hörte er
Die wehmutsvollen Töne.
Sie hebt die Augenlieder auf,
Die seine Augen dekten, –
Und siehe da! – zwei Lampen,
In Dunkelheit verloschen!

Zwei Spiegel, darin sie
Sich tausendmal gesehn, und die
Jezt keinen Stral zurücke werfen.
Dahin ist alle Kraft,
Womit sie neulich prangten;
Und jede Schönheit
Ist ihrer Wirkungen beraubt.
Du Wunder aller Zeiten!
Sprach sie, nur das verdrießt mich, daß
Bei deinem Tod der Tag noch helle ist.

Von deinem Tode an,
Hier prophezei' ich es,
Soll künftig Qual der Liebe folgen.

Find sweet beginning, but unsavoury end,
  Ne'er settled equally, too high or low;
  That all love's pleasures shall not match his woe.

It shall be fickle, false and full of fraud,
And shall be blasted in a breathing while:
The bottom poison, and the top o'erstraw'd
With sweets, that shall the sharpest sight beguile.
  The strongest body shall it make most weak,
  Strike the wise dumb, and teach the fool to speak.

It shall be sparing and too full of riot
Teaching decrepit age to tread the measures;
The staring ruffian shall it keep in quiet,
Pluck down the rich, inrich the poor with treasures.
  It shall be raging mad and silly mild,
  Make the young old, the old become a child.

It shall suspect where is no cause of fear
It shall not fear, where it should most mistrust.
It shall be merciful and too severe,
And most deceiving when it seems most just.
  Perverse it shall be when it seems most toward,
  Put fear to valour, courage to the coward.

Sie wird von Eifersucht begleitet werden,
Wird süssen Anfang, aber
Unschmakhaft Ende finden,
Nie gleichen Standes seyn,
Zu niedrig, oder hoch.
Kurz! All der Liebe Freuden werden
Nicht ihrem Schmerze gleichen.

Sie wird falsch, unbeständig
Und voll Betruges seyn.
Ein Hauch wird sie verwehn.
Der Grund wird Gift seyn, oben
Mit Süßigkeiten überstreut,
Die fähig sind, den schärfsten Blik zu täuschen.
Der stärkste wird durch sie der schwächste werden,
Der Weise stum, der Nar beredt.

Sie wird verschwendrisch seyn und sparsam, wird
Das abgelebte Alter tanzen lehren.
Sie wird des Bösewichtes unverschämten
Starblick in Ruhe halten.
Sie wird die reichen plündern,
Und arme mit den Schätzen
Bereichern. Sie
Wird rasend wüten,
Und sanft seyn bis zur Schwachheit.
Wird Jünglinge zu Greisen, und
Aus Greisen Kinder machen.

Sie wird Verdacht ohn' Ursach hegen
Und wo sie alles fürchten solte,
Zutraulich seyn.
Sie wird mitleidig seyn,
Und unbarmherzig streng.
Und wenn sie am gerechtsten scheint
Wird sie am meisten trügen;

It shall be cause of war and dire events
And set dissention 'twixt the son and sire.
Subject and servile to all discontents,
As dry combustuos matter to the fire.
Sith in his prime death doth my love destroy,
They, that love best, their love shall not enjoy.

By this the boy, that by her side lay kill'd
Was melted like a vapour from her sight.
And in his blood, that on the ground lay spill'd,
A purple flow'r sprung up, checker'd with white,
Resembling well his pale cheeks and the blood,
Which in round drops upon their whiteness stood.

She bows her head the newsprung flow'r to smell
Comparing it to her Adonis' breath;
And says, within her bosom it shall dwell,
Since he himself is reft from her by death.
She crops the stalk and in the breach appears
Green dropping sap, which she compares to tears.

Wird widerspenstig seyn wenn sie
Am meisten nachzugeben scheint.
Die Tapferkeit wird sie
Feig, und die Feigheit tapfer machen;
Wird Ursach seyn von Kriegen
Und schreklichen Begebenheiten;
Wird Zwietracht pflanzen zwischen
Den Vater und den Sohn;
Wird aller Unruh unterwürfig
Und dienstbar seyn, wie trokene
Brenbare Ding' dem Feuer.
Da mir der Tod in seiner Blüte meinen
Geliebten tödtet:
So sollen, die am treusten lieben,
Nie ihre Lieb geniessen.

Hier war der Knabe, der getödtet
Zu ihrer Seiten lag, gleich einem Dunst
Vor ihrem Blick zerschmolzen.
In seinem Blut, das auf den Boden
Verschüttet lag, sprost' eine
Purpurne Blum', mit weis gesprenkelt auf
Die seinen blassen Wangen und
Dem Blute gleich war, welches
Auf ihrem Weis in runden Tropfen stand.

Sie beugt ihr Haupt, die neuentsprungne Blume
Zu riechen und vergleicht
Sie mit dem Atem ihres
Adons; und sagt, sie soll
In ihrem Busen wonen,
Da doch ihn selbst der Tod von ihr gerissen.
Sie bricht den Stengel ab,
Und aus dem Bruche tröpfelt
Ein grüner Saft, den sie
Vergleicht mit Tränen.

Poor flow'r! quoth she, this was thy father's guise.
Sweet issue of a more sweet smelling sire!
For ev'ry little grief to wet his eyes;
To grow unto himself was his desire,
And so is thine. But, know it is as good
To wither in my breast, as in his blood.

Here was thy father's bed, here is my breast.
Thou art the next of him and 'tis thy right.
Loe! In this hollow cradle take thy rest.
My throbing heart shall rob thee day and night.
There shall not be a minute of an hour
Wherein I shall not kiss my sweet love's flower.

Thus weary of the world, away she hies,
And yokes her silver doves, by whose swift aid
Their mistress, mounted, thro' the empty skies
In her light charriot quickly is convey'd,
Holding their course to Paphos, where their queen,
Means to immure herself, not to be seen.

Du armes Blümchen! sagt sie, das
War deines Vaters Weise.
Du süsser Abkömling
Von einem süssern Vater!
Um jedes kleine Leid
Benezt' er seine Augen;
Er wolte für sich selbst nur wachsen, und
Das wilst auch du.
Wiss' aber, es ist eben
So gut an meinem Busen
Zu welken, als in seinem Blut.

Hier war sonst deines Vaters Bette.
Sieh! hier ist meine Brust.
Du bist nach ihm der Nächste,
Und hast das nächste Recht daran.
In dieser holen Wiege soll
Mein klopfend Herz dich wiegen Tag und Nacht.
In keiner Stund' soll eine
Minute seyn, in der ich nicht
Die Blume meines teuren
Geliebten küssen werde.

So eilt sie, müd der Welt, davon,
Spannt ihre Silbertauben an,
Und wird durch deren Schnelligkeit
In ihrem leichten Wagen
Bald durch die leeren Lüfte
Davon geführt. Sie wenden
Nach Paphos ihren Lauf,
Woselbst sich ihre Königin einschliessen
Und jedem Blik entziehen will.

Tarquin und Lukrezia.

TO

THE RIGHT HONOURABLE
HENRY WRIOTHESLY,

EARL OF SOUTHAMPTON AND BARON

OF TICHFIELD.

Right Honourable!

The love, I dedicate to Your Lordship, is without end, whereof this pamphlet, without beginning, is but a superfluous moiety. The warrant, I have of Your Honourable disposition, not the worth of my untutor'd lines makes it assured of acceptance. What I have done, is Yours; what I have to do is Yours, being part in all I have devoted Yours. Were my worth greater, my duty should shew greater. Mean time as it is, it is bound to Your Lordship, to Whom I wish long life, still lengthened with all happiness

YOUR LORDSHIP'S

IN ALL DUTY
WILLIAM SHAKESPEARE.

Dem

Hochgebornen Herrn

Heinrich Wriothesly,

Grafen von Southampton und Freiherrn von Tichfield.

Die Liebe, welche ich Ew. Hochgeb. widme, ist ohn' Ende, und diese Kleinigkeit ohn' Anfang, ist nur ein überflüßiger Teil davon. Die Zuversicht, welche ich auf den Charakter Ew. Hochgeb. setze; nicht der Wert meiner unbeschüzten Zeilen, versichert sie der Aufname. Was ich getan habe, gehört Ihnen, und was ich tun werde, gehört Ihnen; denn es ist ein Teil von dem Ganzen, das ich Ihnen gewidmet habe. Wäre mein Wert grösser: so würde sich meine Pflicht grösser zeigen. Indessen ist er, so wie er einmal ist, ein Eigenthum Ew. Hochgeb. Denen ich ein langes Leben wünsche, beständig verlängert durch alle Art von Glükseligkeit

Ew. Hochgebornen

ganz gehorsamer
William Shakespeare.

From the besieg'd Ardea all in post,
Born by the trustless wings of false desire,
Lust-breathing Tarquin leaves the Roman host,
And to Collatium bears the lightless fire,
Which in pale embers hid, lurks to aspire
And girdle with embracing flames the wast
Of Collatine's fair lóve, Lucrece the Chast.

Haply that name of Chast, unhaply set
This bateless edge on his keen appetite,
When Collatine unwisely did not let
To praise the clear unmatched red and white
Which triumph'd in that sky of his delight,
Where mortal stars, as bright as heaven's beauties,
With pure aspests did him peculiar duties.

Von Ardea's Belag'rung eilt,
Getragen von trugvollen Flügeln falscher
Begier, der wollustatmende
Tarquin, verläst der Römer Feinde,
Und bringet nach Kollazium das
Lichtlose Feuer, das verborgen
In bleicher Asche lauscht,
Empor zu lodern; mit umarmen-
den Flammen Kollatinus schöner Lieben,
Lukrezien der Keuschen Hüften zu
Umgürten.

Dieser Name
Der Keuschen schärfte
Durch ein unglüklich Ongefär
Die Schneide seiner scharfen Leidenschaft
Zu einem unerreichten Grad,
Da Kollatinus, unvorsichtig,
Sich nicht enthielt,
Das reine, gleichenlose Rot und Weis
Zu preisen, welches triumfirte
In jenem Himmel seiner Wonne;
Wo ird'sche Sterne, glänzend,
Wie himlische Schönheiten
Mit heiligen Aspekten,
Ihm eigentümlich huldigten.

For he the night before in Tarquin's tent
Unlock'd the treasure of his happy state;
What prizeless wealth the heavens had him lent
In the possession of this beauteous mate,
Reckoning his fortune at so high a rate,
That kings might be espoused to more fame;
But king nor prince to such a peerless dame.

O! happiness enjoy'd but of a few!
And, if possest, as soon decay'd and done,
As is the morning's silver-melting dew
Against the golden splendor of the sun!
A date, expired, and cancel'd ere begun!
Honour aud beauty in the owner's arms
Are weakly fortrest from a world of harms.

Beauty itself doth of itself persuade
The eyes of men, without an orator;
What needeth then apologies be made,
To set forth that which is so singular?
Or why is Collatine the publisher
Of that rich jewel, he should keep unknown
From thievish cares because it is his own?

Die Nacht vorher schlos er im Zelt Tarquins
Die Schätze seines Glückes auf,
Den unschäzbaren Reichtum,
Den im Besize dieser schönen Gattin
Der Himmel ihm verliehn, und schäzte seine
Glückseligkeit so hoch,
Daß Könige wol mererm Ruhm
Vermält sein mögten, aber
Noch Fürst noch König einer
So unvergleichbar'n Dame.

O! du Glückseeligkeit! Genossen nur
Von wenigen! Und wenn man dich besizt,
So bald zerronnen und
Verschwunden, als der Silberschmelz
Des Morgentaues vor
Der Sonne goldnem Glanz!
Ein Datum, welches eher
Verflossen ist und ausgelöscht,
Als es begonnen. –
Ehr' und Schönheit
Sind in des Eigners Arm
Vor einer Welt vol Unrecht schwach beschüzt. –

Die Schönheit überredet selbst,
Ohn' eines Redners Hülfe,
Der Männer Augen;
Wozu denn noch Lobsprüche,
Das zu erheben, was an sich
So einzig ist? – Warum
Macht Kollatin die reiche
Juwele selbst bekannt, die er, dem diebischen
Nachtrachten unbewust, bewaren solte
Weil sie sein eigen ist? – –

Perchance his boast of Lucrece's sov'reignty
Suggested this proud issue of a king:
For by our ears our hearts oft tainted be.
Perchance, that envy of so rich a thing
Braving compare, disdainfully did sting
His high pitcht thoughts, that meaner men should rant
The golden hap, which their superiors want.

But some untimely thought did instigate
His all too timeless speed, if none of those.
His honour, his affairs, his friends, his state,
Neglected all, with swift intent he goes
To quench the coal, which in his liver glows.
O! rash, false heat, wrapt in repentant cold!
Thy hasty spring still blasts and ne'er grows old.

When at Collatia this false Lord ariv'd
Well was he welcom'd by the Roman dame,
Within whose face beauty and virtue striv'd
Which of whom both should underprop her fame.
When virtue brag'd, beauty would blush for shame.
When beauty boasted blushes, in despight
Virtue would stain that o'er with silver white.

Vielleicht verführte
Den stolzen Königssohn dies Rümen von
Der Allerhabenheit Lukreziens. –
Denn oft wird unser Herz
Durch unser Ohr versucht. –
Vielleicht verwundete der Neid
Ob einem solchen Schaze welcher der
Vergleichung Troz bot, seine
Hochtronenden Gedanken
Mit Eifersucht, daß Leute von geringerm Stande
Des goldnen Glücks sich rümen solten
Das ihren Obern felte?
Kurz! Irgend ein unzeitiger Gedanke,
Wenn auch von diesen keiner
Trieb ihn zu dieser gar zu
Zeitlosen Eile. Seine Ehre, seine
Geschäfte, Freunde, seinen Staat,
Das alles lies er, eilend
Im schnellen Vorsaz, diese Kole
Zu löschen, die in seiner Leber glüht. –
O! rasche falsche Hitze,
Verhüllet in bereu'nde Kälte!
Dein Früling, gar zu eilig,
Verdörr't sich immer selbst, und wird nie alt. –

Als zu Kollatium der falsche Fürst ankam,
Wie gut bewilkommte die röm'sche Dame ihn!
In ihrem Angesicht weteiferte
Die Schönheit mit der Tugend
Wer ihres Rumes Stüze würde
Wenn sich die Tugend überhob,
Errötete aus Scham die Schönheit.
Und wolte sich mit dem Erröten
Die Schönheit rühmen,
So übertünchte ihr zum Troz
Die Tugend es mit Silberweis.

But beauty, in that white intituled
From Venus' doves, doth challence that fair field:
Then virtue claims from beauty beauty's red,
Which virtue gave the golden age to gild
Her silver cheeks and call'd it then their shield.
Teaching them thus to use it in the fight,
When shame assail'd, the red should fence the white.

This heraldry in Lucrece's face was seen,
Argued by beauties red, and virtue's white.
Of either's colour was the other Queen,
Proving from world's minority their right;
Yet their ambition makes them still to fight
The sov'reignty of either being so great
That oft they interchance each others seat.

This silent war of lilies and of roses
Which Tarquin view'd in her fair face's field
In their pure ranks his traitor eye incloses;
Where lest between them both it should be kill'd
The coward captive vanquished doth yield
To those two armies, that would let him go,
Rather than triumph in so false a foe.

Allein die Schönheit, zu dem Weis
Von Venus Tauben her berechtigt,
Macht Anspruch auf dies schöne Feld.
Dann fordert von der Schönheit
Ihr Rot die Tugend,
Das sie dem goldnen Alter
Gegeben, um die Silberwangen zu
Vergolden, und dann ihren Schild
Es nannt', auch den Gebrauch sie lehrte im
Gefecht, wie bei dem Angrif
Der Scham, das Rot das Weisse
Umschliessen solte.

Solch eine Wappenkunde sah
Man in Lukreziens Gesicht,
Erwiesen aus dem Rot der Schönheit, und
Dem Weis der Tugend.
Und von der Farbe einer jeden war
Die andre Königin. Ihr Recht bewiesen
Sie aus der Jugendzeit der Welt;
Doch treibt ihr Ehrgeiz sie
Noch immer zum Gefechte. Die
Allherrschaft einer jeden war
So gros, daß mit einander oft sie ihren Siz
Verwechseln. – Dieser stumme Krieg
Von Liljen und von Rosen, den
Tarquin im Felde ihres schönen
Gesichtes sah, schlos sein Verräteraug
In ihre reinen Reihen ein,
Wo, um nur nicht getödtet
Zu werden zwischen beiden, sich der feige
Gefangne, überwunden
Den beiden Heeren gab,
Die ihn viel lieber gehen lassen,
Als triumfiret hätten über
So einen falschen Feind.

Now thinks he, that her husband's shallow tongue,
The niggard prodigal, that prais'd her so
In that high task hath done her beauty wrong,
Which far exceeds his barren skill to show.
Therefore that praise, which Collatine doth owe,
Inchanted Tarquin answers with surmise
In silent wonder of still gazing eyes.

This earthly Saint adored by this devil
Little suspected the false worshipper;
For thoughts unstain'd do seldom dream of evil,
Birds never limb'd no secret bushes fear:
So guiltless she securely gives good chear
And rev'rend welcome to her princely guest,
Whose inward ill no outward harm exprest.

For that he colour'd with his high estate,
Hiding base sin in pleats of majesty
That nothing in him seem'd inordinate,
Save sometime too much wonder of his eye,
Which having all, all could not satisfy,
But poorly rich so wanteth in his store,
That, cloy'd with much, he pineth still for more.

Jezt denket er
Die Zunge ihres seichten Mann's, der karge
Verschwender, der sie so erhob,
Hat ihrer Schönheit
Unrecht getan, bei diesem
So schweren Unternemen,
Das seine unfruchtbare Fähigkeit
Weit übertrift; und so bezahlt,
Mit eigenem Mistrauen der
Bezauberte Tarquin das Lob,
Das Kollatin noch schuldig ist, in stummer
Bewundrung seiner Augen, die
Beständig gaften.

Diese
Irdische Heilige, von diesem Teufel
Verehrt, argwönte wenig
Die Falschheit seiner Anbetung; denn unbeflekte
Gedanken träumen selten
Von Uebel. – Nie gefangne Vögel
Befürchten nichts in dem verstektesten Gebüsch.
So schuldlos sicher
Bewilkommt sie mit Ehrfurcht und
Anmutiger Aufheit'rung ihren
Fürstlichen Gast, des inn're Bosheit
Kein äuß'res schlimmes Zeichen ihr
Entdekte; denn er übertüncht' es mit
Dem hohen Range, barg das niedre Laster in
Den Falten seiner Majestät,
Daß nichts an ihm unordentlich erschien,
Als nur, daß oft sein Auge
Zu viel Bewundrung zeigte,
Das, da es alles hatte, sich
An allem noch nicht gnügen konnte.
Vielmehr, armselig reich,
So sehr in seinem Ueberflusse darbt

But she, that never cop'd with stranger eyes,
Could pick no meaning from their parling looks.
Nor read the subtle shining secresies
Writ in the glassy margents of such books.
She touch'd no unknown baits nor fear'd no hooks
Nor could she moralise his wanton sight
More, than: his eyes were open'd to the light.

He stories to her ear her husband's fame,
Won in the field of fruitful Italy,
And decks with praises Collatine's high name,
Made glorious by his manly chivalry
With bruised arms, and wreaths of victory,
Her joy with heav'd up hand she doth express
And wordless so greets heav'n for his success.

Far from the purpose of his coming hither
He makes excuses for his being there.
No cloudy show of stormy blustring weather
Doth yet in his fair welkin once appear
Till fable night, that source of dread and fear,
Upon the world dim darkness doth display
And in her vaulty prison shuts the day.

Daß, übersättiget von vielem
Es noch nach mererm schmachtet. Aber sie,
Die sich mit fremden Augen
Noch niemals unterhalten, konnt' in seinen
Beredten Bliken keine Meinung lesen, noch
Die feinen Züge der Geheimnisse
Entziefern, die in den Glasrändern jener Bücher
Geschrieben waren. – Sie
Berürte keine unbekante
Lokspeisen, fürchtete auch keine Neze, konnt'
Aus seinem bulerischen Blik nichts schliessen, als,
Daß seine Augen offen wären um zu sehn.

Er schmeichelt ihren Ohren mit
Erzälungen von ihres Mannes Ruhm,
Den er gewonnen in Italiens
Fruchtbaren Feldern,
Und schmükt mit Lobe
Den grossen Namen Kollatins,
Berümt durch seine
Mannhaften Rittertaten
Mit beulenvollen Waffen
Und Siegeskränzen. Sie bezeugt
Mit aufgehobnen Händen ihre Freude,
Und danket wortentbehrend so
Dem Himmel für sein Glück.

Fern von dem Zweck zu dem er kam.
Entschuldigt er sich, daß er da ist.
Kein wolkigt Zeichen stürmischen,
Empörten Ungewitters zeiget jezt
An seinem heitern Himmel sich,
Bis daß die schwarze Nacht, die Quelle
Des Schrekens und der Furcht,
Den Tag in ihres Kerkers Wölbung schliest,
Und auf der Erde dichte Finsternis verbreitet.

For then is Tarquin brought unto his bed,
Intending weariness with heavy sprite;
For after supper long he questioned
With modest Lucrece and wore out the night,
Now leaden flumber with life's strength doth fight;
And every one to rest themselves betake,
Save thieves and cares and troubled minds, that wake.

As one of which doth Tarquin lie revolving
The sundry dangers of his will's obtaining,
Yet ever to obtain his will resolving
Tho' weak-built hopes persuade him to abstaining.
Despair to gain doth traffick oft for gaining
And when great treasure is the meed propos'd,
Tho' death be adjunct, there's no death suppos'd.

Those that much covet are of gain so fond,
That oft they have not that, which they possess:
They scatter and unloose it from their bond
And so by hoping more they have but less.
Or gaining more the profit of excess
Is but to surfeit and such griefs sustain,
That they prove bankrupt in this poor rich gain.

Da wird Tarquin zu seinem Bette
Geführt weil er sich müd und schläfrig stellt.
Denn nach dem Abendessen unterhielt
Er sich noch lange mit
Der sitsamen Lukrezia,
Und brachte so den Abend hin.

Nun ficht der blei'rne Schlummer mit
Des Lebens Stärke
Und alles geht zur Ruh;
Nur Diebe nicht und Sorgen und
Bekümmerte Gemüter.
Als ihrer einer liegt Tarquin
Und überlegt die mancherlei
Gefaren der Erfüllung seines Willens,
Doch immer fest entschlossen zu
Erhalten seinen Wunsch,
Obgleich ihm schwach gebaute Hofnungen
Von seinem Vorsaz abzulassen raten.

Verzweiflung am Gewinne wuchert
Oft nach Gewin; und ist
Ein grosser Schaz der vorgestekte Lon:
So mag der Tod damit verbunden seyn,
Man denkt an keinen Tod.
Habsüchtige sind auf Gewin
So sehr erpicht, daß oft sie das
Nicht haben was sie selbst besizen. –
Sie werfen's hin und lösen es.
Von ihrer Kette. – So besizen sie in Hofnung
Auf Mehr nur Weniger; und wenn
Sie wirklich mehr gewinnen: so ist doch
Der Vorteil ihres Ueberflusses nur
Sich übersättigen und solch ein Leid erdulden,
Daß sie bankrot bei diesem armen reichen
Gewinne werden.

The aim of all is but to nurse the life
With honour, wealth and ease in waining age;
And in this aim there is such thwarting strife,
That one for all or all for one we gage,
As life for honour in fell battel's rage,
Honour for wealth, and oft that wealth doth cost
The death of all and alltogether lost.

So that in vent'ring all we leave to be
The things we are for that which we expect,
And this ambitious, foul infirmity
In having much torments us with defect
Of that we have; so, that we do neglect
The thing we have and all for want of wit
Make something nothing by augmenting it.

Such hazard now must doting Tarquin make
Pawning his honour to obtain his lust
And for himself himself he must forsake.
And where is truth if there be not selftrust?
When shall he think to find a stranger just
When he himself himself confounds, betrays
To sland'rous tongues and wretched, hateful days?

Der Zwek von allem
Ist nur, das Leben zu verpflegen
Mit Ehre, Reichtum und Gemächlichkeit in dem
Abgeh'nden Alter; und in diesem Zwecke selbst
Ist so ein widersinn'ger Streit, daß alles wir
Für eins, und eins für alles geben:
Als Leben für die Ehre in
Der Wut der grimmen Schlacht,
Die Ehre für den Reichtum;
Und dieser Reichtum kostet oft
Den Tod und den Verlust von allem.
So, daß indem wir alles wagen, wir
Zu seyn aufhören was wir sind
Um dessentwillen, was wir noch erwarten. –
Und diese gierige und arge Krankheit
Quält uns bei vieler Habe
Mit Mangel dessen was wir haben;
So, daß wir das verschleudern,
Was wir besizen, und aus Mangel am Verstand
Etwas zu gar nichts machen
Indem wir es – vermeren.

Solch Wagspiel mus der liebbetörte
Tarquin jezt wagen, mus die Ehre
Verpfänden um die Wollust zu erhalten,
Sich selbst verlassen wegen seiner selbst. –
Und wo ist denn noch Treue,
Wenn man sich selber untreu wird? –
Wo wird er hoffen einen fremden
Gerecht zu finden,
Wenn er sich selbst betrügt,
Und schändliche, hasvolle Lieder
Verläumderischen Zungen selbst verrät? – –

Now stole upon the time the dead of night
When heavy sleep hath clos'd up mortal eyes.
No comfortable star did lend his light,
No noise but owls' and wolves' death-boding cries;
Now serves the season that they may surprise
The silly lamb. Pure thoughts are dead and still
Whilst lust and murder wakes to stain and kill.

And now this lustful Lord leapt from his bed
Throwing his mantle rudely o'er his arm.
Is madly tost between desire and dread;
Th' one sweetly flatters, th' other feareth harm.
But honest fear, bewitch'd with lust's foul charm,
Doth too, too oft betake him to retire
Beaten away by brainsick rude desire.

His fauchion on a flint he softly smiteth,
That from the cold stone sparks of fire do fly
Whereat a waxen torch forthwith he lighteth,
Which must be loadstar to his lustful eye
And to the flame thus speaks advisedly:
As from this cold flint I enforc'd this fire,
So Lucrece must I force to my desire.

Nun überschlich die Zeit die Todtenstille
Der Mitternacht, da starrer Schlaf ein jedes
Sterbliche Aug geschlossen hat. – –
Zum Trost verlieh kein Stern
Sein Licht; – Kein Laut als nur
Das todverkündende Geschrei
Der Eulen und der Wölfe; denn
Jezt paßt die Zeit, worin sie das
Arglose Lam erhaschen können. – Todt
Und still sind reine
Gedanken; Mord und Wollust aber wachen
Zu tödten und zu schänden.

Und nun sprang dieser
Wollüst'ge Fürst von seinem Bette auf,
Warf seinen Mantel hastig über
Den Arm, umhergetrieben zwischen Furcht, und
Begierde, bis zur Raserei.
Die eine schmeichelt angenehm,
Die andre fürchtet Unglück.
Allein die gute Furcht,
Verzaubert von der Wollust argem Zauber, rät
Ihm zu, zu oft zur Ruh. Vergebens!
Sie wird von der hirnkranken, rohen
Begierde stets zurückgeschlagen. –
Sanft schlägt er seinen Säbel gegen einen Stein,
Daß aus dem kalten Steine Funken sprühn,
Woran er eine
Wachsfakel alsobald anzündet.
Die mus der Leitstern seyn
Für sein wollüstig Auge und
Er offenbart der Flamme seinen
Entschlus also:
Wie ich aus diesem kalten Stein,
Dies Feur erzwungen habe, so mus ich
Lukrezia zu meinem Willen zwingen.

Here pale with fear he doth premeditate
The danger of his loathsome enterprise,
And in his inward mind he doth debate
What following sorrow may on this arise:
Then looking scornfully he doth despise
His naked armour of still slaughter'd lust
And justly thus controuls his thoughts unjust:

Fair torch! burn out thy light and lend it not
To darken her, whose light excelleth thine:
And die, unhallow'd thoughts! before you blot
With your uncleanness that which is divine!
Offer pure incense to so pure a shrine.
Let fair humanity abhor the deed,
That spots and stains love's modest, snow-white weed.

O shame to knighthood and to shining arms!
O foul dishonour to my household's grave!
Impious act, including all foul harms!
A martial man to be soft fancy's slave.
True valour still a true respect should have;
Then my digression is so vile, so base,
That it will live engraven in my face.

Hier überdenkt er, blas von Furcht,
Vorher noch die Gefaren
Von seinem schreklichen Entschlus;
Und überlegt in seinem Innern,
Welch künftig Leid daraus entstehen möge.
Und dann verwirft er mit
Verachtungsvollem Blik die nakte
Bewafnung der noch immer
Erschlagnen Wollust,
Und tadelt seine ungerechten
Gedanken sehr gerecht also!

Lösch aus dein Licht du schöne Fackel,
Und leih' es nicht dazu,
Die zu verdunkeln, deren Licht
Das deine übertrift!
Sterbt! ihr unheiligen Gedanken! eh
Ihr das was göttlich ist mit eurer
Unreinigkeit beflekt.
Bringt reinen Weirauch dar zu einem
So reinen Altar, last die edle Menschlichkeit
Die Tat verabscheu'n, die der Liebe
Sitsam, schneweis Gewand besudelt und beflekt.
O! Schande für die Ritterschaft,
Und für die blanken Waffen!
O schändliche Entehrung
Für meines Hauses Grab!
Gottlose Tat! die alle argen
Untaten in sich schließt!
Ein kriegerischer Mann der weichen Wollust Sklav! –
Die wahre Tapferkeit sollt' immer wahre
Grosmut besitzen. – Dann ist meine Tat
So schlecht, so niederträchtig,
Daß sie in meinem
Gesichte eingegraben, leben wird. – –

Yes, tho' I die, the scandal will survive,
And be an eye-sore in my golden coat.
Some loathsome dash the herald will contrive
To cipher me how fondly I did dote,
That my posterity, shamed with the note,
Shall curse my bones and hold it for no sin
To wish that I, their father, had not been.

What win I, if I gain the thing I seek?
A dream, a breath, a froth of fleating joy.
Who buys a minute's mirth, to wail a week,
Or sells eternity to get a toy?
For one sweet grape who will the vine destroy?
Or, what fond beggar, but to touch the crown
Would with the scepter straight be strucken down?

If Colatinus dream of my intent,
Will he not wake and in a desp'rate rage
Post hither this vile purpose to prevent?
This siege, that hath ingirt his marriage,
This blur to youth, this sorrow to the sage,
This dying virtue, this surviving shame
Whose crime will bear an ever-during blame.

Ja! sterb' ich gleich, die Schande
Wird doch mich überleben, wird
Ein Flecken sein auf meinem goldenen
Gewand. Der Herold
Wird irgend ein verhastes
Merkmal erfinden, mich
Zu zeichnen, wie so törigt ich
Verliebt war. So wird meine
Nachkommenschaft beschämt von dieser
Bezeichnung meinen
Gebeinen fluchen, und es nicht
Für Sünde halten sich zu wünschen,
Daß ich, ihr Vater, nie gewesen wäre.
Wenn ich nun meinen Wunsch
Erhalte, was gewinn' ich? Einen Traum,
Und einen leeren Hauch,
Den Schaum vorüberrauschenden Vergnügens. –
Wer kauft wol einer
Minute Freuden um
Das Weinen einer Woche, oder
Giebt eine Ewigkeit um Tand?
Wer wird um Einer süssen Traube willen,
Den ganzen Stock verderben?
O'r welcher närr'sche Betler liesse,
Um nur die Krone zu berüren,
Sich mit dem Zepter straks danieder schlagen? –
Wenn Kollatin von meinem Anschlag
Träumt, wird er nicht erwachen,
Und in verzweiflungsvoller Wut
Hereilen diesen argen Vorsaz zu
Verhüten? diese
Belagerung, die seine Eh' umgürtet
Hat, diesen Schandflek für die Jugend, diesen
Gram für den Weisen, diesen Tod der Tugend,
Und Leben einer Schande deren
Verbrechen einen Vorwurf

Oh! what excuse can my invention make
When thou shalt charge me with so black a deed?
Will not my tongue be mute, my frail joints shake?
Mine eyes forego their light, my false heart bleed?
The guilt being great, the fear doth still exceed,
And extreme fear can neither fight nor flie
But coward-like with trembling terror die.

Had Collatinus kill'd my son or sire,
Or lain in ambush to betray my life,
Or were he not my dear friend, this desire
Might have excuse, to work upon his wife
As in revenge or quital of such strife.
But as he is my kinsman, my dear friend
The shame and fault finds no excuse nor end.

Shameful it is if once the fact be known.
Hateful it is; there is no hate in loving.
I'll beg her love; but that is not her own:
The worst is but denial and reproving,
My will is strong, past reason's weak removing.
Who fears a sentence or an old man's sawe
Shall by a painted cloth be kept in awe.

Von steter Dauer tragen wird! – –
O! welch' Entschuldigung kann meine
Erfindung machen, wenn du einer
So schwarzen Tat mich zeihen wirst? –
Wird meine Zunge nicht verstummen? werden
Nicht meine schwachen Glieder zittern?
Und meine Augen nicht ihr Licht verlieren? wird
Mein falsches Herz nicht bluten? – –
Denn wenn die Schuld gros ist
So übertrift die Furcht sie immer noch;
Und die zu grosse Furcht kann weder fliehn
Noch fechten, sondern stirbt, der Feigheit gleich,
In zitternden Entsezen. – Hätte Kollatin
Sohn oder Vater mir getödtet, oder
Im Hinterhalt gelegen, meinem Leben
Auflaurend, oder –
Wär er nur nicht mein lieber Freund:
So möchte diese Leidenschaft
Entschuldigt werden, seinem Weibe, als
Zur Rache, oder zur Vergeltung
Für solche Fehde, nachzutrachten.
Allein da er mein Blutsverwandter,
Mein teurer Freund ist: so
Kann diese Schande und Vergehung nicht
Entschuldigung noch Ende finden. – –
Voll Schande ist die Tat, wenn sie einmal
Bekannt wird, voller Has. – – Ist in
Der Liebe doch kein Has! und ich will ihre Lieb
Erbitten. – Aber die ist nicht ihr eigen. – –
Das ärgste ist, sie schlägt es ab und schmält. –
Mein Will' ist stark; und zu stark für die schwache
Bestreitung der Vernunft. – Wer vor
Sentenzen, oder eines alten Mannes Spruch
Sich scheu't, den mag bemahlte Leinewand
In Ehrfurcht halten. – –

Thus graceless holds he disputation
'Tween frozen conscience and hot-burning will;
And with good thoughts makes dispensation
Urging the worser sense for vantage still,
Which in a moment doth confound and kill
All pure effects and doth so far proceed,
That, what is vile shows like a virtuous deed.

Quoth he, she took' me kindly by the hand
And gaz'd for tidings in my eager eyes
Fearing some bad news from the warlike band
Where her beloved Collatinus lies,
O! how her fear did make her colour rise!
First red as roses that on lawn we lay
Then white as lawn, the roses took away.

And now her hand in my hand being lock'd
Forc'd it to tremble with her loyal fear;
Which struck her sad, and then it faster rock'd
Untill her husband's welfare she did hear,
Whereat she smiled with so sweet a chear,
That had Narcissus seen her as she stood
Self-love had never drown'd him in the flood.

So schaamlos läst er das gefrorne
Gewissen und den heisentbranten Willen mit
Einander streiten, hemmt die guten
Gedanken und ermuntert allemal
Zum Sieg die bösen,
Die alle reinen Regungen
In einem Augenblik
Danieder schlagen und ertödten, und
Es dahin bringen, daß was niederträchtig ist
Als eine tugendhafte Tat erscheint.

Sie nahm mich, sagt' er, liebreich bei der Hand
Und gafte in mein feurig Auge,
Nach Neuigkeiten, fürchtete
Wol irgend eine schlimme Zeitung von
Der kriegerischen Rotte, wo
Ihr lieber Kollatinus steht. –
O! Wie die Furcht
So ihre Farb' erhöh'te! –
Erst rot, wie Rosen,
Die man auf Leinwand legt;
Dann weis, wie Leinwand, wenn die Rosen
Hinweg genommen sind. –
Und nun zwang ihre Hand,
In meiner eingeschlossen,
Die meinige mit ihrer frommen Furcht,
Zu zittern. Dies betäubte sie,
Mit Traurigkeit, und machte sie
Noch heftiger erzittern, biß sie endlich
Das Wolsein ihres Mannes hörte;
Und darob lächelte
Sie mit so einer sanften, heitern Miene,
Daß, hätte sie Narziss gesehn,
Wie sie da stand: die Liebe zu sich selbst
Hätt' ihn nie in die Flut gestürzt. –

Why hunt I then for colour and excuses?
All orators are dumb when beauty pleads.
Poor wretches have remorse in poor abuses;
Love thrives not in the heart, that shadows dreads.
Affection is my captain, and he leads;
And when his gaudy panner is display'd
The coward fights and will not be dismay'd.

Then childish fear! avant, debating die,
Respect and reason wait on wrinkled age.
My heart shall never countermand mine eye;
Sad pause and deep regard beseems the sage,
My part is youth and beats these from the stage.
Desire my pilot is; beauty my prize:
Then, who fears sinking where such treasure lies?

As corn o'er-grown by weeds, so heedful fear
Is allmost cloak'd by unresisted lust.
Away he steals with open listning ear,
Full of foul hope and full of fond mistrust;
Both which, as servitors to the unjust,
So cross him with their opposite persuasion
That now he vows a league and now invasion.

Was jag' ich denn nach Anstrich oder
Entschuldigung? Wenn Schönheit redet:
Sind alle Redner stum. – Elende Wichte
Bereu'n elende
Vergehungen; – die Liebe
Hat kein Gedein in einem Herzen,
Das sich vor Schatten fürchtet. –
Die Liebe ist mein Führer, und
Wo ihre frohe Fane flattert,
Da ficht der feigste und läst sich nicht schrecken.
Hinweg also, du kind'sche Furcht!
Und stirb bei deinem Ueberlegen. Nur
Dem runzelvollen Alter dient
Bedachtsamkeit und Ueberlegung. Nie
Soll meinem Auge
Mein Herz zuwider sein. –
Das düstre Zaudern und die tiefen
Betrachtungen geziemen einem Weisen;
Und meine Roll' ist Jugend,
Die treibet diese von der Büne.
Begierde ist mein Steuermann,
Und Schönheit ist der Preis. Wer fürchtet zu
Versinken, wo ein solches Kleinod liegt? –

Wie vieles Unkraut Korn verdrängt,
So überdecket die unwiderstandne Lust
Beinahe die sorgsame Furcht.
Er schleicht hinweg,
Mit lauschend ofnem Ohr, voll schnöder Hofnung, und
Voll eitelm Mistrau'n. – Beide,
Als Diener ungerechter Herren, leiten
Mit ihrem widersprechenden Zureden ihn
So hin und her, das er jezt Frieden
Gelobt, und jezund einen Angrif.

Within his thoughts her heavenly Image sits,
And in the self same seat sits Colatine.
That eye which looks on her confounds his wits:
That eye which him beholds, as more divine,
Unto a view so false will not incline;
But with a pure appeal seeks to the heart,
Which, once corrupted, takes the worser part.

And therein heartens up his servile powers,
Who, flatter'd by their leader's jocund show,
Stuff up his lust, as minutes fill up hours,
And as their captain so their pride doth grow
Paying more flavish tribute, than they owe.
By reprobate desire thus madly led,
The Roman Lord doth march to Lucrece's bed.

The locks between her chamber and his will,
Each one by him enforc'd recites his ward;
But as they open, they all rate his ill,
Which drives the creeping thief to some regard.
The threshold grates the door to have him heard;
Night-wandring wezels shreek to see him there;
They fright him, yet he still pursues his fear.

In seinem Sinne wohnt ihr himlich Bild,
Und in derselben Wohnung das des Kollatin.
Das Auge, das auf sie hinsieht,
Betäubet seine Sinne;
Das Auge welches ihn erblickt, als göttlicher,
Will sich zu diesem Anblik
Von Falschheit nicht hinwenden, sondern sucht mit reinen
Vorstellungen zum Herzen durchzudringen,
Das aber, einmal schon verderbt,
Die schlechtere Partei ergreift,
Und dazu seine dienstbar'n Kräfte
Ermuntert, welche
Von ihres Führers frölichem Bezeigen
Geschmeichelt, strotzend seine Lust
Aufblähen, wie
Minuten Stunden ausfüll'n.
So wie ihr Führer wächst, wächst auch
Ihr Stolz, und sie bezalen
Mehr sklavischen Tributes, als sie schuldig sind.
So tollkühn von verdamlicher Begierde
Geleitet, geht der röm'sche Fürst
Zum Bette der Lukrezia.

Die Schlösser zwischen ihrer Kammer
Und seinem Willen rufen,
Von ihm gezwungen, jedes ihren Schnäpper
Zurük; allein wie sie sich öfnen, schelten
Sie alle seinen argen Vorsaz laut.
Das treibt den dieb'schen Kriecher
Zu einiger Bedachtsamkeit.
Die Schwelle reibt die Thüre knarrend,
Um ihn gehört zu machen;
Und nachtwandernde Wiesel kreischen,
Ihn da zu sehn. Sie schreken ihn; doch er
Verfolgt beständig seine Furcht. – –

As each unwilling portal yields him way,
Thro' little vents and crannies of the place
The wind wars with his torch to make him stay
And blows the smoke of it into his face
Extinguishing his conduct in this cafe.
But his hot heart, which fond desire doth scorch,
Puffs forth another wind, that fires the torch.

And being lighted by the light he spies
Lucretia's glove, wherein the needle sticks.
He takes it from the rushes, where it lies,
And griping it, the needle his fingers pricks,
As who should say: this glove to wanton tricks
Is not injured; return again in haste,
Thou see'st our mistress 'ornaments are chaste.

But all these poor forbiddings could not stay him,
He in the worst sense construes their denial.
The doors, the wind, the glove, that did delay him
He takes for accidental things of trial,
Or as those bars, which stop the hourly dial,
Which with a ling'ring stay his course doth let
'Till ev'ry minute pays the hour its debt.

Indem also unwillig jedes Pförtchen ihm
Den Weg verstattet, ficht durch kleine Ritzen
Und Oefnungen der Wind mit seiner Fackel, um
Ihn aufzuhalten, weht den Rauch davon ihm ins
Gesicht, und löscht den Führer aus, der ihn
Durch diesen Gang führt; aber
Sein heißes Herz von töriger Begier entbrannt,
Bläst von sich einen andern Wind, von welchem
Die Fakel wieder angezündet wird.

Von diesem Licht geleuchtet siehet er
Lukreziens Handschuh, worin
Noch ihre Nadel steckt.
Er nimmt ihn auf; und wie er ihn
Ergreift sticht ihn die Nadel
In Finger, gleich als sagte sie:
Zu tückischem Mutwillen
Wird dieser Handschuh nicht mißbraucht;
Kehr eilig wieder um;
Du siehst, so gar der Schmuk
Von unserer Gebieterin ist keusch.

Doch alle diese schwachen
Abschreckungen vermochten nicht
Ihn aufzuhalten. Er giebt ihren Störungen
Den schlimmsten Sinn; die Thür, den Wind,
Den Handschuh, welche ihn verweilen machten nimmt
Er für Zufälligkeiten, um ihn zu
Versuchen; oder solche Hemmungen,
Die den stündlichen Zeiger hemmen, welcher
Mit zauderndem Verweilen seinen Lauf
Verzögert, bis daß jegliche Minute
Der Stunde ihre Schuld bezahlt.

So, so, quoth he, these lets attend the time,
Like frosts, that sometimes threat the spring
To add a more rejoicing to the prime
And give the sneaped birds more cause to sing:
Pain pays the income of each precious thing;
Huge rocks, high winds, strong pirates, shelves and sand
The merchant fears e'er rich at home he lands.

Now is he come unto the chamber-door,
That shuts him from the heaven of his thought,
Which with a yielding latch and with no more
Hath barr'd him from the blessed thing he sought.
So from himself impiety hath wrought,
That for his prey to pray he doth begin
As if the heavens should countenance his sin.

But in the midst of his unfruitful prayer,
Having sollicited th'aeternal power
That his foul thoughts might compass his fair Fair
And they would stand auspicious to the hour,
Even there he starts; quoth he, I must deflour:
The powers to whom I pray abhor this fact,
How can they then assist me in the act?

Ja! Ja! sagt er, so ist es, diese
Verzögerungen dienen nur der Zeit,
Wie kleine Fröste, die manchmal dem Frühling drohn,
Um seinen Erstlingen noch mehr Erfreuliches
Zu geben, und den aufgehaltnen Vögeln noch
Mehr Grund zu singen. – Mühe
Bezahlet den Genus von jedem
Schäzbaren Dinge. – Ungeheure Felsen
Empörte Winde, mächtige Seeräuber,
Sandbänk' und Klippen muß
Der Kaufmann fürchten, eh er reich
Im Hafen seiner Heimat landet.

Nun ist er bis zur Kammerthür gekommen,
Die von dem Himmel seiner
Gedanken ihn abschliesset,
Die nur mit einer Klinke, leicht
Zu öfnen, ihn absperret von
Dem heil'gen Gegenstande, den er sucht. – –
So sehr arbeitet, sich
Die Bosheit selbst entgegen, daß
Er beten will, um seine Beute glücklich zu
Erhaschen, gleich als ob der Himmel seine
Untat beglücken könnte. – –
Doch in der Mitte
Des unfruchtbar'n Gebetes – da
Er schon die ew'gen Mächte angefleht,
Daß sie der Stunde Glück bescheren wollen,
In welcher seine böse Lust die reine Schöne
Umfangen wolte. – Hier ergreift ihn Staunen.
Wie! – ruft er aus –
Ich mus ja schänden. – Diese That
Verabscheun jene Mächte, die
Ich jezt anbetete: –
Wie können sie mir denn zu solcher Handlung
Beistehn? – –

Then love and fortune be my Gods, my guide;
My will is back'd with resolution:
Thoughts are but dreams, till their effects be try'd.
Black sin is clear'd with absolution;
Against love's fire fear's frost hath dissolution.
The eye of heav'n is out and misty night
Covers the shame that follows sweet delight.

This said, the guilty hand pluck'd up the latch,
And with his knee the door he opens wide.
The dove sleeps fast, that this night-owl will catch.
Thus treason works, ere traitors be espy'd:
Who sees the lurking serpent steps aside;
But she, sound sleeping, fearing no such thing,
Lies at the mercy of his mortal sting.

Into the chamber wickedly he stalcks
And gazeth on her yet unstained bed.
The curtains being close about he walks,
Rolling his greedy eye-balls in his head
By their high treason in his heart misled,
Which gives the watchword to his hand too soon
To draw the cloud that hides the silver moon.

So sei denn du, o Liebe!
Und Glück! – seid meine Götter, meine Führer. –
Mein Wille stüzt sich auf Entschlossenheit.
Gedanken sind nur Tränme, bis
Man ihre Wirkungen versuchet. – Schwarze Sünde
Wird von der Absoluzion
Hinweggewaschen; – vor der Glut der Liebe
Zerschmilzt der Frost der Furcht. –
Des Himmels Auge ist erloschen;
Und düstre Nacht bedekt die Schande, so
Der süssen Wollust folgt.

Und dies gesagt, eröfnete
Die schuld'ge Hand die Klinke;
Er stöst mit seinem Knie die Thür weit auf. –
Die Taube schläft so sanft, die diese
Nachteule haschen will. –
So wirkt Verräterei, eh die Verräter
Erblicket werden. – – Wer
Die Schlange lauschen sieht, der trit zurück;
Sie aber schläft so sanft,
Und fürchtet nichts dergleichen;
Liegt ganz der Gnade seines
Tödlichen Stachels überlassen.

Er schreitet bösen Sinnes in die Kammer,
Und gaft auf ihr noch unbeflecktes Bette.
Da die Vorhänge zugezogen sind,
Geht er herum und rollt in seinem Kopf
Die gierigen Augäpfel, misgeleitet
Von ihrem Hochverrate gegen
Sein Herz, das seiner Hand zu früh
Das Zeichen giebt, die Wolke wegzuziehn,
Die noch den Silbermond bedeckt.

Look, as the fair and fiery pointed sun
Rushing from forth a cloud bereaves our sight:
Even so the curtain drawn his eyes began
To wink being blinded with a greater light;
Whether it is that she reflects so bright,
That dazleth them, or else some shame suppos'd,
But blind they are and keep themselves inclos'd.

O! had they in that darksome prison died!
Then had they seen the period of their ill;
Then Collatine again by Lucrece's side
In his clear bed might have reposed still.
But they must ope this blessed league to kill;
And holy thoughted Lucrece to their sight
Must sell her joy, her life, her world's delight.

Her lilly hand her rosy cheeks lies under
Cozening the pillow of a lawful kiss,
Which therefore angry seems to part in sunder
Swelling on either side to want this bliss,
Between whose hills her head intombed is;
Where like a virtuous monument she lies.
To be admired of lew'd, unhallowed eyes.

Und, siehe! wie die schöne Sonne,
Wenn plözlich sie aus einer Wolke
Mit ihren Feuerstacheln
Hervorschießt, unsre Augen blendet:
So fingen, da der Vorhang weggezogen war,
Auch seine Augen an zu blinzen; denn
Sie blendete ein grössres Licht, sey's nun, daß sie
So einen hellen Schimmer von sich strahlte,
Der sie verblend'te, oder war's Gefühl von Schaam:
Blind sind sie, und enthalten
Sich eingeschlossen.
O! wären sie in diesem dunkeln
Gefängnis doch gestorben!
Dann hätten sie das Ende ihrer Schmach
Gesehn; dann möchte Kollatin
In seinem reinen Bette wieder an der Seite
Lukreziens geruhet haben:
Allein sie musten, leider! wiederum
Sich öfnen, diesen heilgen Bund
Zu tödten; und die heiligdenkende
Lukrezia muß ihrem Blick
Ihr Leben, ihre Freud, und alles, was
Sie auf der Welt ergözt, verkaufen.

Die Liljenhand
liegt unter ihrer Rosenwange,
Und raubt dem Küssen einen
Rechtmäß'gen Kus.
Das Küssen scheint, aus Aerger
Solch eine Wonne zu entbehren,
Sich zu zerteilen, und
An jeder Seit' empor
Zu schwillen; zwischen diesen Hügeln ist
Ihr Haupt begraben. –
Gleich einem heil'gen Grabmahl liegt sie da
Bewundert von unheiligen, zuchtlosen Augen. –

Without the bed her other fair hand was
On the green coverlet whose perfect white
Shew'd like an april daisy on the grass
With pearly sweat resembling dew of night.
Her eyes, like marigolds, had sheath'd their light
And canopied in darkness sweetly lay,
Till they might open to adorn the day.

Her hair, like golden threads, play'd with her breath.
O modest wantons, wanton modesty!
Showing life's triumph in the map of death,
And death's dim look in life's mortality.
Each in her sleep themselves so beautify,
As if between them twain there were no strife,
But that life lived in death, and death in life.

Her breasts, like ivory globes circled with blue,
A pair of maiden worlds, unconquered,
Save of their Lord; no bearing joke they knew;
And him by oath they truely honoured.
These worlds in Tarquin new ambition bred,
Who, like a foul usurper went about
From this fair throne to heave the owner out.

Die andre schöne Hand lag ausserhalb
Dem Bette auf der grünen Oberdeke, –
Und ihr volkomnes Weis glich einer
Schneeblum' im Grase,
Beperl't mit Schweisse, wie vom Tau der Nacht.
Die Augen hatten, gleich den Sonnenblumen,
Ihr Licht verschlossen, lagen sanft, verschleiert
In Dunkelheit, biß sie sich öfnen möchten, um
Das Tagslicht zu verschönern.

Ihr Haar, gleich goldnen Fäden, spielte mit
Dem Athem. – O! bescheidner Muthwill!
Muthwillige Bescheidenheit, darstellend den
Triumph des Lebens auf der Karte
Des Todes, und den düstern Blick des Todes in
Der Sterblichkeit des Lebens! – Beide
Verschönern sich in ihrem Schlaf
So sehr einander,
Als wäre zwischen ihnen gar kein Zwist,
Als lebt' im Tod' das Leben, und
Im Leben wiederum der Tod.

Die Brüste waren zween Globen gleich
Von Elfenbein, mit Blau umzirkelt;
Zwei jungfräuliche Welten,
Von keinem überwunden, als
Von ihrem Herrn; Sie kannten nie
Ein knechtisch Joch; ihn ehrten sie
Nach ihrem Eid mit wahrer Treu.
Und diese beiden Welten
Entflamten den Tarquin mit neuer Ehrbegier;
Gleich einem argen Thronenräuber,
Sann er auf Mittel um den Eigner
Von diesem schönen Thron herabzustürzen. –

What could he see, but mightily he noted?
What did he note, but strongly he desir'd?
What he beheld on that he firmly doted,
And in his will his willful eye he tir'd;
With more than admiration he admir'd
Her azure veins, her alabaster skin,
Her coral lips, her snow-white dimpled chin.

As the grim lion standeth o'er his prey,
Sharp hunger by the conquest satisfy'd;
So o'er this sleeping soul doth Tarquin stay,
His rage of lust by gazing qualify'd,
Slack'd, not suppress'd; for standing by her side,
His eye which late his muting restrains
Unto a greater uproar tempts his veins.

And they, like strugling slaves for pillage fighting,
Obdurate vassals fell exploits effecting,
In bloody death and ravishment delighting,
Nor children's tears, nor mother's groans respecting,
Swell in their pride the onset still expecting.
Anon his beating heart alarum striking
Gives the hot charge and bids them do their liking.

Was konnt' er sehn, das er nicht aufmerksam
Betrachtete? – Und was betrachtett' er,
Das nicht zu heftiger Begier ihn reizte? –
Mit fester Neigung hing er allem an,
Was nur sein Auge sah; und er
Ermüdete das gier'ge Aug
Mit seinem allzugier'gen Willen.
Mehr als Bewundrung war's, womit er ihre
Azurnen Adern, Alabasterhaut,
Korallenlippen, ihres
Schneeweissen Kinnes Grübchen
Bewunderte. – –

So wie der Löw bei seiner Beute
Mit grauser Freude steht, da durch
Die Ueberwältigung sein scharfer Hunger schon
Begnüget ist: So steht Tarquin
Bei dieser schlafgebundene Seele da.
Das Wüten seiner Wollust wird nun durch
Das Gaffen schon gemildert; aber nur
Gemildert, und nicht unterdrückt;
Denn wie er so an ihrer Seiten stehet, reizt
Sein Auge, welches kurz vorher
Noch seine Meuterei zurück gehalten, zu
Noch grösserm Aufrur seine Adern, und –
Gleich Sklaven, die des Raubes wegen fechtend, streifen,
Hartherz'ge Knechte, die die grausamsten
Entwürf' ausrichten, sich an blut'gem Tod
Und Schändungen ergötzen, nicht
Der Kinder Tränen, noch der Mutter Seufzer achten, –
Gleich solchen Sklaven schwellen sie mit Stolz empor,
Noch immer auf den Angrif harrend.
Nun schlägt sein klopfend Herze Lerm,
Und giebt das Zeichen ihnen
Zum heissen Angrif, heisset sie
Nach ihrem Willen thun. –

His drumming heart cheers up his burning eye.
His eye commends the leading to his hand,
His hand, as proud of such a dignity,
Smoaking with pride, marcht on to make his stand
On her bare breast, the heart of all her land
Whose ranks of blue veins, as his hand did scale,
Left their round turrets destitute and pale.

They mustring to the quiet cabinet
Where their dear governess and Lady lies
Do tell her she is dreadfully beset,
And fright her with confusion of their cries.
She, much amaz'd, breaks up her uplockt eyes,
Who peeping forth this tumult to behold
Are by his flaming torch dimm'd and controul'd.

Imagine her as one, in dead of night
From forth dull sleep by dreadful fancy waking,
That thinks she hath beheld some gastly sprite,
Whose grim aspect sets every joint a shaking;
What terror'tis: but she in worser taking,
From sleep disturbed heedfully doth view
The sight, which makes supposed terror true.

Sein trommelnd Herz frischt an sein brennend Aug;
Das Auge giebt der Hand den Auftrag zur
Anführung; und die Hand, auf solche Würde stolz,
Zieht auf, von Hochmut dampfend, und
Nimt ihren Posten auf Lukreziens
Entblösstter Brust, dem Herzen
All ihres Landes, deren Linien
Von blauen Adern, alle
Blas und verlassen ihre runden Türme liessen,
So wie sie seine Hand erstieg.
Sie ziehn zusammen nach der stillen Kammer,
Wo ihre theure
Gebieterin und Dame liegt,
Erzälen ihr die Nachricht, daß
Sie fürchterlich belagert wird,
Und schreken sie mit der Verwirrung ihres
Geschrei's. – Sie, sehr erstaunt, bricht ihre
Geschloss'nen Augen auf; allein,
Sie kukten kaum hervor um diesen Lerm zu sehn,
Als sie von seiner Flamme
Geblendet, und zurück gescheuchet werden. –

Nun denkt euch eine Frau,
Um Mitternacht durch fürchterliche Träume,
Aus tiefen Schlaf erwekt,
Die glaubt, sie hab' ein fürchterlich Gespenst gesehn,
Des schaudervoller Anblik jedes Glied
Vor Schrecken schlottern macht; –
Und denkt euch welch ein Schrecken! – –
Sie aber, – noch viel schreklicher, –
Vom Schlafe aufgescheucht, sieht deutlich
Den Anblick, der vermeintes Schrecken
Zu wahrem macht. – –

Wrapt and confounded in a thousand fears,
Like to a new-kill'd bird, she trembling lies;
She dares not look, yet winking there appears
Quick-shifting anticks ugly in her eyes,
Such shadows are the weak brain's forgeries.
Who angry that the eyes fly from their lights
In darkness daunts them with more dreadful sights.

His hand that yet remains upon her breast,
(Rude ram to batter such an ivory wall)
May fell her heart (poor citizen) distrest,
Wounding itself to death, rise up and fall,
Beating her bulck, that his hand shakes withal.
This moves in him more rage, and lesser pity,
To make the breach and enter this sweet city.

First like a trumpet doth his tongue begin
To sound a parley to his heartless foe,
Who o'er the white sheets peers a whiter chin
The reason of this larum to know,
Which he by dumb demeanour seeks to show:
But she with vehement prayers urgeth still,
Under what colour he commits this ill.

Betäubet, und verwirr't
In tausend Furchten liegt sie da,
Und zittert, einem frisch geschlacht'ten Vogel gleich;
Sie wagt's nicht aufzublicken,
Und da sie doch ein wenig blinzt,
Erscheinen ihrem Auge, scheuslich,
Schnellschwindende Gespenster.
　　Dergleichen Schatten sind die Täuschungen
Des schwachen Hirnes, welches
Erzürnet, daß die Augen
Von ihrem Sehpunkt fliehn, im Dunkeln
Sie mit noch schreklichern Anblicken schreckt.

　　Noch immer bleibet seine Hand
Auf ihrer Brust, ein rauher Sturmbock, solche Mau'r
Von Elfenbeine zu durchbrechen,
Und mag ihr kummervolles Herz, den armen
Einwohner, wol erschlagen. Es
Verwundet selbst sich tödlich,
Hebt sich empor und sinket wieder,
Schlägt an die feste Maur, daß seine Hand
Vom Schüttern durch und durch erzittert;
Doch das erregt in ihm
Nur minder Mitleid, und noch wildere Begier
Die Bresche zu vollenden, und
In diese schöne Stadt zu dringen.
Zuerst beginnt, gleich einer
Trompete, seine Zunge,
Zu einer Unterredung seiner
Muthlosen Feindin zu ertönen.
Die lässet über ihre weissen
Bettücher ein noch weiss'res Kin vorblicken, um
Den Grund von diesem Lerm zu hören,
Den er durch stumme Deutungen
Ihr zu erklären sucht. Sie aber dringt dennoch
In ihn, zu wissen, unter welcher Fane
Er diesen Angrif wage,

Thus he replies: the colour in thy face;
That even for anger makes the lilly pale
And the red rose blush at her own disgrace,
Shall plead for me and tell my loving tale;
Under that colour am I come to scale
Thy never conquer'd fort: the fault is thine;
For these thine eyes betray thee unto mine.

Thus I forestal thee, if thou mean to chide:
Thy beauty hath insnar'd thee to this night
Where thou with patience must my will abide,
My will that marks thee for my earth's delight,
Which I to conquer sought with all my might:
But as reproof and reason beat it dead,
By thy bright beauty it was newly bred.

I see what crosses my attempt will bring,
I know what thorns the growing rose defends,
I think the honey guarded with a sting;
All this before hand counsel comprehends:
But will is deaf and hears no heedful friends,
Only he hath an eye to gaze on beauty
And dotes on what he views, 'gainst law or duty.

Mit welchem Anstrich, welcher Farb' er ihn
Beschönige. – Die Farb in deinem Angesicht,
Erwiedert er, die selbst die Lilje
Vor Neid erblassen, und die rote Rose
Vor Schaam erröten macht, wird für mich reden,
Und meine liebevolle Nachricht dir erzälen.
Dies ist die Farbe meiner Fane,
Die mich geleitet, deine nie
Erstiegne Vestung zu ersteigen.
Die Schuld ist dein; denn diese deine Augen
Veraten dich den meinen.

So komm' ich dir zuvor,
Wenn du mich schmälen willst.
Dein' eigne Schönheit hat dich dieser Nacht verraten,
In der du mit Gedult
Dich meinem Willen unterwerfen must, der dich
Zu meiner höchsten Wollust ausersehn;
Ich trachtete mit aller Macht, ihn zu besiegen
Allein so wie ihn Gründ' und Tadel
Zu Boden schlugen, so
Belebte deiner Schönheit Glanz
Ihn wieder neu.

Ich seh, was für Verdrieslichkeiten
Aus meinem Wagstück folgen werden;
Ich weis wol, welche Dornen
Die blüh'nde Rose schützen; ich
Bedenke, daß ein Stachel
Den Honig wahrt. Das alles sieht
Die Ueberlegung ein; allein der Will'
Ist taub, und höret keine
Sorgsamen Freunde an; er hat allein
Ein Aug, die Schönheit zu beschaun,
Und er begehret das, wonach er blikt,
Troz Pflichten und Gesetzen.

I have debated even in my soul
What wrong, what shame, what sorrow I shall breed:
But nothing can affection's course controul,
Or stop the headlong fury of his speed.
I know, repentant tears insue the deed,
Reproach, disdain and deadly enmity;
Yet strive I to embrace mine infamy.

This said he shakes aloft his Roman blade,
Which like a faulcon towring in the skies
Coucheth the fowl below with his wings shade,
Whose crooked beak threats, if he mount he dies:
So under his insulting fauchion lies
Harmless Lucretia, marking what he tells
With trembling fear as fowl hear faulcon's bells.

Lucrece, quoth he, this night I must enjoy thee:
If thou deny, then force must work my way;
For in thy bed I purpose to destroy thee,
That done some worthless slave of thine I'll slay
To kill thine honour with thy life's decay,
And in thy dead arms do I mean to place him
Swearing, I flew him seeing thee embrace him.

Ich hab in meiner Selen überlegt
Welch Uebel, welche Schand', und welchen Kummer
Ich schaffen werd': allein nichts kann
Den Lauf der Leidenschaft aufhalten, oder
Die blinde Tolheit ihrer Eile hemmen.
Ich weis, die That verfolgt
Bereunde Furcht, Verachtung,
Vorwürfe, und Todfeindschaft;
Doch streb' ich meine Schande zu umarmen.

Und dies gesagt,
Schwingt seine röm'sche Kling' er hoch empor. –
So wie ein Falke, der hinauf
Sich in die Lüfte schwingt,
Mit seiner Flügel Schatten
Den Vogel drunten überschattet, dem
Sein krummer Schnabel droht:
Wenn er auffliegt, so wird er sterben –
So liegt jezt unter seinem droh'nden Säbel, die
Unschuldige Lukrezia, und horcht
Auf seine Red, vor Furcht erzitternd, wie
Ein Vogel, der des Falken Glocken hört.

Lukrezia! spricht er,
Ich muß dich diese Nacht genießen.
Wenn du dich weigerst, muß Gewalt
Mir meinen Weg bereiten;
Dann will ich dich in deinem Bett erwürgen,
Nachher will irgend einen
Nichtswürd'gen Sklaven ich
Erschlagen, um zugleich
Mit deinem Leben deine Ehre
Zu tödten, den will ich
In deine todten Arme legen, schwörend, daß
Ich ihn getödet, weil ich
Ihn dich umarmen sah.

So thy surviving husband shall remain
The scornfull mark of every open eye;
The kinsmen hang their heads at his disdain,
Thy issue, blur'd with nameless bastardy.
And thou, the author of their obloquy,
Shalt have thy trespas cited up in rhimes
And sung by children in succeeding times.

But if thou yield, I rest thy secret friend;
The fault unknown is as a thought unacted,
A little harm done to a great good end,
For lawful policy remains enacted.
The pois'nous simple sometimes is compacted
In purest compounds: being so apply'd,
His venom in effect is purify'd.

Then for thy husband and thy children's sake
Tender my suit, bequeath not to their lot
The shame, that from them no device can take,
The blemish that will never be forgot,
Worse than a slavish wipe, or birth-hour's blot:
For marks describ'd in men's nativity
Are Nature's faults, not their own infamy.

So wird dein überlebender Gemal
Das Schandenvolle Ziel
Von jedem Auge werden.
Ob seiner Schande werden seine
Verwandten ihre Häupter senken, und
Dein Erbe wird mit namenloser Bastardschaft
Beflecket seyn; und dein, der Stifterin
All' ihrer Schande, deine Uebertretung
Wird man in Reime setzen, und sie wird
Von Kindern in der Folgezeit gesungen werden.
Allein wenn du dich mir ergiebst:
So bleib' ich dein geheimer Freund.
Der unbekannte Fehl ist nur ein unvollbrachter
Gedank'; ein kleines Uebel,
Zu einem grossen guten Zweck getan;
Denn des Gesetzes Fügungen
Behalten alle ihre Kraft dabei.
Was an sich giftig ist, wird zu
Der reinsten Mischung oft gemischt,
Und so gebraucht, wird durch die Würkung
Sein Gift gereiniget. –
Gewähr' also um deines Mannes
Und deiner Kinder Willen meinen Wunsch;
Vermache nicht zu ihrem Erbteil ihnen
Die Schande, welche kein' Erfindung
Von ihnen nehmen mag,
Den Vorwurf, den man nie
Vergessen wird, der ärger ist,
Als sklav'sche Streiche, als
Ein Flecken, welcher der Geburtsstund' anklebt;
Denn Mäler, die des Menschen
Geburt bezeichnen, sind
Nicht ihre eigne Schande,
Sind Feler der Natur. – –

Here with a cockatrice, dead-killing eye
He rouseth up himself, and makes a pause,
While she, the picture of true piety,
Like a white hind beneath the gripe's sharp claws,
Pleads in a wilderness, where no laws,
To the rough beast, that knows no gentle right,
Nor ought obeys, but his foul appetite.

But when a black-fac'd cloud the world doth threat
In his dim mist th' aspiring mountain hiding,
From earth's dark womb some gentle gust does get,
Which blows these pitchy vapours from their biding
Hindring their present fall by his dividing:
So his unhalloo'd haste her words delays,
And moody Pluto winks, while Orpheus plays.

Like foul night-wandring cat he doth but dally
While in his hold-fast foot the weak mouse panteth;
Her sad behaviour feeds his vulture-folly,
A swallowing gulph, that even in plenty wanteth.
His ear her prayers admits, but his heart granteth
No penetrable entrance to her plaining:
Tears harden lust, tho' marble wears with raining.

Hier raft er sich zusammen,
Mit einem tödlich droh'nden Basiliskenblick,
Und macht jezt eine Pause;
Indessen sie, das Bild der wahren Frömmigkeit,
Gleich einer weissen Hindin, unter
Des Greifen scharfen Klauen,
In einer Wüste, wo man keine
Geseze kennet, durch Vorstellungen
Das rauhe Thier zu rühren sucht,
Das nichts von edlem Rechte weiß, und nichts
Befolgt, als seine schändliche Begier.

So wie, – wenn eine Wolke
Mit schwarzem Angesicht die Welt bedroht,
In ihren düstern Dunst
Den stolz empor gedehnten Berg verhüllend; –
Und nun ein edler Windstos aus
Dem dunkeln Schoos der Erd' entsteigt, der diese
Pechgleichen Dünste
Von ihrem Standort treibt,
Und ihren gegenwärt'gen Fall
Durch diese Teilung hindert: –
So zögern ihre Worte seine
Unangefrischte Eil'; und der
Unwirsche Pluto blinzt,
Indessen Orpheus spielt.

Gleich der nachtwandernden,
Unholden Katze, tändelt
Er nur, indes die schwache Maus,
In seiner gier'gen Tatze fest erpacket, keucht,
Und ihre traurige Geberd' ergözt
Sein Geierspiel. – Ein Strudel, welcher alles
Verschlingt, und selbst in Ueberflusse darbt.
Sein Ohr läst ihre Bitten zu; allein
Sein Herz gewähret ihren Klagen keinen
Durchdringlichen Eingang.
Denn Wollust wird durch Tränen nur verhärtet,
Obgleich vom Regen Marmor selbst verschlissen wird.

Her pity-pleading eyes are sadly fix'd
In the remorseless wrinkles of his face;
Her modest eloquence with sighs is mix'd,
Which to her oratory adds more grace;
She puts the period often from its place
And midst the sentence so her accent breaks,
That twice she doth begin, e'er once she speaks.

She conjures him by high allmighty Jove;
By knighthood, gentry, and sweet friendship's oath;
By her untimely tears, her husband's love;
By holy, human law and common troth;
By heav'n and earth and all the power of both,
That to his borrow'd bed he make retire
And stoop to honour, not to foul desire.

Quoth she, reward not hospitality
With such black payment as thou hast pretended,
Mud not the fountain that gave drink to thee,
Mar not the thing that cannot be amended,
End thy ill aim before thy shoot be ended:
He is no wood-man, that doth bend his bow
To strike a poor anseasonable doe.

Ihr mitleidbittend Aug' ist traurig auf
Die mitleidlosen Falten seines
Gesichts geheftet. Ihre sitsame
Beredsamkeit ist untermischt mit Seufzern,
Die noch mehr Anmut ihrer Redekunst verleihn.
Sie sezt die Periode oft von ihrem Plaz;
Und mitten drin bricht ihr Akzent oft so,
Das zweimal sie beginnt, eh sie nur einmal spricht.

Beim hohen und
Allmächt'gen Jupiter beschwört sie ihn,
Bey Ritterschaft und Adel,
Und bei der süssen Freundschaft Eid,
Bei ihren so unzeit'gen Tränen
Bei ihres Mannes Lieb';
Bei heiligem und menschlichem Gesez,
Bei der gemeinen Ehrlichkeit;
Bei Erd und Himmel,
Und aller Macht von beiden, daß zu seinem
Gelieh'nem Bett' er sich begeben, sich
Der Ehre unterwerfen wolle,
Und nicht der schnöden Wollust. – –

Belone nicht Gastfreiheit, sprach
Sie, mit so schwarzem Lon,
Wie du gedrohet hast.
Trüb' nicht die Quelle, welche dir zu trinken gab;
Verdirb nicht etwas, das nicht wieder
Verbessert werden kann.
Nein! End dein böses Ziel,
Bevor du dein Geschos geendet.
Der ist kein Waidmann,
Der seinen Bogen spannt um eine arme,
Unzeit'ge Hindin zu erlegen. – –

My husband is thy friend, for his sake spare me;
Thyself art mighty, for thy own sake leave me;
Myself a weakling, do not then insnare me;
Thou lookst not like deceit, do not deceive me.
My sighs, like whirlwinds labour hence to heave thee,
If ever man was mov'd with woman's moans,
Be moved with my tears, my sighs, my groans,

All which together, like a troubled Ocean,
Beat at thy rocky and wrack-threatning heart
To soften it with their continual motion:
For stones dissolved to water do convert.
O! if no harder than a stone thou art,
Melt at my tears and be compassionate:
Soft pity enters at an iron gate.

In Tarquin's likeness I did entertain thee:
Hast thou put on his shape to do him shame?
To all the host of heaven I complain me:
Thou wrongst his honour, wound'st his princely name.
Thou art not what thou shin'st, and if the same
Thou seem'st not what thou art, a God, a king;
For kings, like Gods, should govern every thing.

Mein Mann ist ja dein Freund, um seinetwillen
Verschone mich; du selbst bist mächtig,
Verlas mich um dein selbstenwillen;
Ich bin ja nur ein Schwächling,
Darum bestricke du mich nicht. –
Du siehst nicht aus wie Trug;
Betrüg mich nicht. Sieh! meine Seufzer
Arbeiten, Wirbelwinden gleich,
Um dich von hier hinweg zu heben. –
Wenn je ein Mann von eines Weibes Seufzern
Gerührt ward: so las du dich rühren,
Von meinen Tränen, meinen Seufzern, meinen Ächzen,
Die allzusammen, einem
Emporgestörten Meere gleich,
An dein so felsenhartes,
Und schifbruchdroh'ndes Herz anschlagen,
Um es durch ihre stete
Bewegung zu erweichen,
Denn aufgelöste Steine
Verwandeln sich in Wasser. O!
Wenn du nicht härter bist als Stein:
So schmilz an meinen Tränen,
Und sei mitleidig; dringt das sanfte
Mitleiden doch durch eine Thür von Eisen.

Ich nahm im Bilde
Tarquins dich auf: hast seine
Gestalt du angenommen, um ihm Schande
Zu machen? Allen Göttern
Des Himmels klag ichs: du
Beleidigst seine Ehre,
Verwundest seinen königlichen Namen.
Du bist nicht der du scheinst; und bist du es:
So scheinst du nicht der, der du bist, ein Gott,
Ein König; denn gleich Göttern, solten Könige
Ein jeglich Ding regieren.

How will thy shame be feeded in thine age
When thus thy vices bud before thy spring?
If in thy hope thou darest do such outrage,
What dar'st thou not when once thou art a king?
O! be remembred; no outragious thing
From vassal-actors can be wip'd away;
Then kings' misdeeds cannot be hid in clay.

This deed shall make thee only lov'd for fear:
But happy monarchs still are fear'd for love.
With foul offenders thou perforce must bear.
When they in thee the like offences prove;
If but for fear of this, thy will remove:
For princes are the glass, the school, the book,
Where subjects' eyes do learn, do read, do look.

And wilt thou be the school, where lust shall learn!
Must he in thee read lectures of such shame?
Wilt thou be glass wherein he shall discern
Authority for sin, warrant for blame,
To priviledge dishonour in thy name?
Thou back'st reproach against long-living laud
And mak'st fair reputation but a bawd.

Wie wird in deinem Alter
Nicht deine Schande wachsen,
Wenn deine Laster schon also
Vor deinem Frühling knospen?
Wenn du in deiner Hofnung schon
Solch trozige Beleidigungen wagst,
Was wirst du nicht wenn du einst König bist?
O! denk doch, nimmer kann, nur von Vasallen,
Der Flecken einer Schandtat abgewaschen werden:
Dann können noch vielweniger die Missetaten
Der König' übertünchet werden.

Diese Tat
Wird machen, daß man nur aus Furcht dich liebt;
Und glückliche Monarchen werden immer
Aus Lieb' gefürchtet. Schnöde Missetäter
Must du notwendig nachsichtsvoll ertragen,
Wenn gleiche Uebertretungen
Sie von dir selbst dartun. –
Und wär es nur aus Furcht vor diesen Folgen:
So ändre deinen Willen. –
Denn Fürsten sind der Spiegel,
Die Schul, das Buch, worin die Augen
Der Untertanen schauen, lernen, lesen:
Und wilst denn du die Schule seyn,
Wo Wollust lernt? Muß sie in dir
Die Lehren solcher Schande lesen?
Wilst du ein Spiegel seyn, worin
Sie Vollmacht für die Sünde,
Und Sicherung vor Tadel
Entdecken wird, um öffentlich die Schande
In deinem Namen zu berechtigen?
Du unterstützest ja den Tadel gegen
Langlebend Lob; und machst den guten Leumund nur
Zu einem blossen Kupler. – –

Hast thou command? by him that gave it thee,
From a pure heart command thy rebel will.
Draw not thy sword to guard iniquity;
For it was lent thee all that brood to kill,
Thy princely office how canst thou fulfill,
When pattern'd by thy fault foul sin may say,
He learn'd to sin and thou didst teach the way?

Think but, how vile a spectacle it were
To view thy present trespass in another?
Men's faults do seldom to themselves appear;
Their own transgressions partially they smother.
This guilt would seem death-worthy in thy brother.
Oh! How are they wrapt in with infamies,
That from their own misdeeds askance their eyes!

To thee, to thee my heav'd-up hands appeal,
Not to seducing lust, thy rash reply.
I sue for exil'd majesty's repeal:
Let him return and flatt'ring thoughts retire.
His true respect will prison false desire
And wipe the dim mist from thy doting eyne,
That thou shalt see thy state and pity mine.

Hast du Gewalt? – Bei ihm,
Der sie dir gab! – Gebrauche sie,
Von einem reinen Herzen deinen
Rebell'schen Willen abzuhalten.
Zieh nicht dein Schwerd, die Bosheit zu verteidigen:
Denn es ward dir verliehn,
Um also diese Brut zu tödten. –
Wie kanst dein fürstlich Amt du je erfüllen,
Wenn deinem Fehl nachahmend,
Die schnöde Sünde sagen mag:
Sie lernte sündigen von dir,
Du hättest sie den Weg gelehrt?

Denk nur, welch häslich Schauspiel
Es wäre, deine jezig' Uebertretung
An einem andern zu erblicken. –
Der Leute Fehler
Erscheinen selten ihnen selbst;
Parteiisch halten ihre eigenen
Mishandlungen sie tief versteckt. –
Todwürdig würde dies Vergehn,
An deinem Bruder selbst, dir scheinen. –
O! Wie sind die mit Schande ganz umhüllt,
Die, schielend, ihre Augen weg
Von ihren eignen Missetaten wenden! –

Dich, dich, flehn meine aufgehobnen Hände an;
Nicht deine rasche Antwort, die verführende
Wollust. Ich flehe um Zurückberufung der
Verbannten Majestät.
O! laß sie wiederkeren, und
Die schmeichlerischen Vorstellungen sich
Zurückeziehn. Ihr wahres Ansehn wird die falsche
Begierde fesseln, und die dunkeln Nebel
Von deinen lieb'betörten Augen wischen, daß
Du deinen Zustand sehn, und meinen
Bedauren wirst. –

Have done, quoth he, my uncontrouled tide
Turns not, but swells the higher by this let:
Small lights are soon blown out, huge fires abide
And with the wind in greater fury fret.
The petty streams, that pay a daily debt
To their salt sovereign with their fresh false haste,
Add to his flow, but alter not his taste.

Thou art, quoth she, a sea, a sovereign king,
And loe! their falls into thy boundless flood
Black lust, dishonour, shame, misgoverning,
Who seek to stain the Ocean of thy blood:
If all these petty ills should change thy good:
Thy sea within a pudle-womb is burst'd,
And not the pudle in thy sea dispers'd.

So shall these slaves be king, and thou their slave.
Thou nobly base, they basely dignify'd;
Thou their fair life, and they thy fouler grave;
Thou loathed in thy shame, they in their pride.
The lesser thing should not the greater hide.
The cedar stoops not to the base shrub's foot,
But low shrubs wither at the cedar's root.

Hör auf sagt er;
Mein ungehemmter Strom wird sich nicht wenden,
Schwillt nur durch diesen Damm nach höher an.
Ein kleines Licht wird leichtlich ausgeblasen;
Allein ein großes Feur brennt fort,
Und wütet durch den Wind noch ärger.
Die kleinen Ströme, welche täglich ihre Schuld
Dem salz'gen Oberhaupt bezalen, meren
Durch ihre frische, falsche Eil zwar seine Flut:
Allein sie ändern nimmer den Geschmack.

Du bist, erwiedert sie,
Ein unumschränkter König, eine See, und siehe!
In deine gränzenlose Flut fällt schwarze Wollust,
Unehre, Schande, Misregierung,
Die deines Blutes Ozean zu trüben suchen.
Wenn alle diese kleinen Uebel
Dein Gutes ändern würden:
So würd in eine Pfütze deine See
Versprüzt, und nicht die Pfütze
In deine See verschüttet.
Dann werden diese Sklaven Könige,
Und du ihr Sklave seyn.
Du wirst mit Adel schändlich seyn; und sie mit Schande
Geadelt; du ihr schönes Leben, sie
Dein Grab, um so viel häslicher;
Du wist verabscheut werden
In deiner Schande, sie in ihrem Stolz. –

Das klein're solte doch
Das grösre nicht verbergen:
Die Zeder bückt sich nicht herab
Zum Fusse schlechter Stauden
Vielmehr die nideren Gesträuche
Verwelken an der Zeder Wurzel.

So let thy thoughts, low vassals to thy state.
No more, quoth he, by Heaven! I will not hear thee.
Yield to my love: if not enforced hate,
Instead of love's coy touch, shall rudely tear thee.
That done, despight fully I mean to bear thee
Unto the base bed of some rascal groom,
To be thy partner in this shameful doom.

This said, he sets his foot upon the light;
For light and lust are deadly ennemies:
Shame folded up in blind, concealing night,
When most unseen, then most doth tirannize.
The wolf hath seiz'd his prey, the poor lamp cries
Till with her own white fleece her voice control'd,
Intombs her outcry in her lips' sweet fold.

For with the nightly linen, that she wears,
He pens her piteous clamours in her head
Cooling his hot face in the chastest tears,
That ever modest eyes with sorrow shed.
Oh! That foul lust should stain so pure a bed!
The spots whereof could weeping purify,
Her tears should drop on them perpetually.

Und so las du auch deine
Gedanken, diese niedrigen
Vasallen deines Staats.

Nichts mehr! sagt er, beim Himmel!
Ich will dich nicht erhören.
Ergieb dich meiner Liebe. Tust du's nicht:
So soll, anstatt der schüchternen Berürung
Der Lieb', erzwungner Has mit wilder Rauheit dich
Zerreissen; und hernach will ich, verachtungsvoll,
Zum schlechten Bette eines schnöden Knechts dich tragen,
Der soll dein schändlich Schicksal mit dir teilen.
Und dies gesagt, sezt seinen Fus
Er auf das Licht. – –

Denn Licht und Wollust sind Todfeinde.
Die Schande, eingefaltet in
Verhüll'nde, blinde Nacht,
Herscht dann am fürchterlichsten,
Wenn sie am wenigsten gesehen wird. –

Der Wolf hat seine Beute nun erpakt.
Das arme Lämlein schreit, bis ihre Stimme,
Gehemmt von ihrem eignen weissen Vlies
In ihrer Lippen süssen Falten ihr
Geschrei begräbt. Denn mit
Dem lein'nen Nachtgewande, das sie trägt,
Verkerkert er in ihrem Haupt die lauten Töne,
Mit welchen sie zu ihm so rührend fleht;
Und kühlt sein heisses Angesicht in ihren Tränen,
Den keuschesten, die je in Kummer, aus
Sitsamen Augen flossen. –
O! daß die schnöde Wollust so ein reines Bett
Beflecken must' auf dessen Flecken,
Wenn Tränen sie zu reinigen vermöchten,
Die ihren ewig tröpfeln würden! – –

But she hath lost a dearer thing than life,
And he hath won, what he would loose again.
This forced league doth force a further strife;
This momentary joy breeds months of pain,
This hot desire converts to cold disdain.
Pure chastity is rifled of her store,
And lust, the thief, far poorer than before.

Look! as the full-fed hound, or gorged hawk,
Unapt for tender smell or speedy flight,
Make slow pursuit or alltogether balk
The prey wherein by Nature they delight:
So surfeit-taking Tarquin fears this night.
His taste delicious, in digestion souring
Devours his will, that liv'd by foul devouring.

O! deeper sin, than bottomless conceit
Can comprehend in still imagination!
Drunken desire must vomit his receit,
Ere he can see his own abomination.
While lust is in his pride, no exclamation
Can curb his heat, or reign his rash desire
Till, like a jade, self-will himself doth tire.

Allein sie hat etwas verloren, das
Sie mehr liebt, als das Leben;
Und er hat was gewonnen, das er wieder
Verlieren möchte. Dieser
Erzwungne Bund erzwinget neuen Kampf;
Dies Augenbliksvergnügen
Zeugt monatlangen Schmerz; und diese heisse
Begierde wandelt sich in kalt Verschmähn.
Die reine Keuschheit ist
Beraubet ihres Reichthums, und der Dieb,
Die Wollust, noch viel ärmer als vorher.

Sieh! – wie der übersatte Jagdhund, oder
Der vollgestopfte Habicht,
Zum schnellen Fluge, oder feinen
Geruche ungeschickt,
langsam verfolgen, oder ganz die Beute,
Darnach sie von Natur so lüstern sind, aufgeben: –
So fürchtet diese Nacht der übersättigte
Tarquin. Sein köstlicher Geschmack,
Der im Verdauen säuret,
Verschlinget seinen Willen, der
Vom schändlichen Verschlingen lebte. –

O! tief're Sünd' als die grundlose
Betrügerei in ungestörter Ueberlegung
Begreifen kann! –
Die trunkene
Begierde mus nun wieder ausspein,
Was sie empfangen hat,
Eh sie noch ihren eignen Greuel sieht.
So lange als die Wollust noch
In ihrem Stolze ist, kann keine
Ausrufung ihre Hitz' im Zaume halten,
Noch ihre rasche Gierigkeit regieren:
Bis sich gleich einem matten Gaul,
Der eigne Wille selbst ermüdet hat.

And then with lank and lean, discolour'd cheek,
With heavy eye, knit brow, and strengthless pace
Feeble desire, all recreant, poor and meek.
Like a bank-rupt beggar wails his case.
The flesh being proud, desire doth fight with grace;
For there it revels, but when that decays,
The guilty rebel for remission prays.

So fares it with this faultfull Lord of Rome,
Who this accomplishment so hotly chased:
For now against himself he sounds this doom,
That thro' the length of time he stands disgraced.
Besides his soul's fair temple is defaced,
To whose weak ruins muster troops of cares,
To ask the spotted princess, how she fares.

She says, her subjects with foul insurrection
Have batter'd down her consecrated wall
And by their mortal fault brought in subjection
Her immortality, and made her thrall
To living death and pain perpetual,
Which in her prescience she controuled still;
But her fore-sight could not forestall their will.

Und dann beweint, mit schlaffen, hagern,
Entfärbten Wangen, trüben Augen,
Mit runzelvoller Stirn, kraftlosem Schrit
Die ausgemergelte Begier,
Ganz unterwürfig, arm, und schwach, gleich einem
Bankrotten Betler, ihren Zustand.
So lang' das Fleisch noch stolz ist, ficht
Die Wollust auch mit Anstand, denn
Da prasset sie; allein
Wenn das hinfällt: so bittet
Die schuldige Empörerin um Gnade.
So geht es jetzund diesem
Fehlvollen röm'schen Herrn, der diesem
Genus mit solcher Hitze nachgejagt.
Nun spricht er selbst sich dies Urteil:
Daß er der Zeiten Läng' hindurch entehret steht.
Auch ist der schöne Tempel seiner Sele
Zerstört, zu dessen schwachen Trümmern
Sich heerdenweis' die Sorgen samlen,
Um die beflekte Königin
Zu fragen, wie sich befinde.
Und sie antwortet, ihre Untertanen haben
Mit schnödem Aufrur ihre heilge Maur
Zertrümmert, durch ihr
Tödlich Verbrechen ihre
Unsterblichkeit zur Unterwerfung
Gebracht, und dadurch sie lebend'gem Tod,
Und ewgen Schmerzen unterworfen, welches sie
Vorhererkennend immer zu
Verhindern suchte; aber ihre Vorsicht
Vermochte nicht dem Willen jener
Zuvorzukommen.

E'en in this thought thro' the dark night he stealeth.
A captive victor, that has lost his gain,
Bearing away the wound, that nothing healeth,
The scar, that will, despight of cure remain,
Leaving his spoil perplex'd in greater pain.
She bears the load of lust, he left behind,
And he the burden of a guilty mind.

He like a thievish dog creeps sadly thence,
She like a weary'd lamb lies panting there,
He scowls and hates himself for his offence,
She desp'rate with her nails her flesh doth tear,
He faintly flies sweating with guilty fear,
She stays exclaiming on the direful night,
He runs and chides his vanish'd loath'd delight.

He thence departs a heavy convertite,
She there remains a hopeless cast-away,
He in his speed looks for the morning light,
She prays, she never may behold the day;
For day, quoth she, night-scapes doth open lay,
And my true eyes have never practis'd how
To cloak offences with a cunning brow.

In diesem selbigen Gedanken stiehlt
Er durch die dunkle Nacht sich. Ein
Gefangner Sieger, welcher seinen
Gewin verloren hat,
Und eine Wunde mit sich trägt,
Die nichts vermag zu heilen, eine Narbe,
Die, Troz der Heilung, bleiben wird;
Und seinen Raub verläst er von
Noch grösserm Schmerz gequält.

Sie trägt der Wollust Last
Die er zurückgelassen hat;
Ihn drücket das Gewicht
Von einem schuldigen Gewissen.
Er kriecht, gleich einem diebschen Hunde, mit
Bekümmernis hinweg;
Sie liegt, gleich einem
Ermüdten Lamme, keuchend da,
Er schilt und haßt sich selbst für seine
Mishandlung; sie zerreißt
In der Verzweifelung
Ihr Fleisch mit ihren Nägeln.
Er fliehet kümmerlich, und schwitzend
Von schuldger Furcht, davon.
Sie bleibet da, die schreckenvolle Nacht anklagend;
Er läuft und schilt auf sein verschwundenes,
Und übersättigtes Vergnügen.
Er geht hinweg, als ein schwermütiger
Bekehrter; sie bleibt da als eine hofnungslose
Verworfne. Er, in seiner Eil,
Blickt nach des Morgens Licht;
Sie bittet nur, sie möge nimmer
Den Tag erblicken. Denn, sagt sie;
Der Tag verkündet die Vergehungen
Der Nacht; und meine
Wahrhaften Augen haben nie versuchet, wie
Man Uebertretungen mit einer
Verstellenden Stirn bemäntelt.

They think not but that every eye can see
The same disgrace, which they themselves behold,
And therefore would they still in darkness lie
To have their unseen sin remain'd untold:
For they their guilt with weeping will unfold
And grave, like water that doth eat in steel,
Upon their cheeks what helpless shame they feel.

Here she exclaims against repose and rest,
And bids her eyes hereafter still be blind.
She wakes her heart by beating on her breast,
And bids it leap from thence where it may find
Some purer chest to close so pure a mind,
Frantick with grief thus breaks she forth her spight
Against the unseen secrecy of night:

O! comfort-killing night! Image of hell!
Dim register and notary of shame!
Black stage for tragedies and murders fell!
Vast, sin-concealing chaos! Nurse of blame!
Blind muffled bawd! Dark harbour of defame!
Grim cave of death! Wisp'ring conspirator
With close-tongued treason and the ravisher!

Sie denken, jedes Auge kann
Denselben Vorwurf sehn, den sie erblicken.
Und darum möchten sie beständig
Im finstern liegen,
Daß ihre ungeseh'ne Sünd'
Auch unerzälet bleibe; denn
Sie werden ihre Schuld durch Weinen
Entfalten, und dem Wasser gleich,
Das in den Stahl hineinnagt,
Auf ihre Wangen graben, welche
Hülflose Schande sie empfinden.

Nun deklamirt sie gegen Ruh und Rast
Und heist nach diesem ihre Augen
Beständig blind seyn.
Sie weckt ihr Herz
Indem an ihre Brust sie schlägt, und dann
Befiehlt sie ihm von da hinweg, und
Wohin zu springen, wo
Es eine rein're Hülle finden mag,
Um so ein rein Gemüt zu wahren.
Von Kummer schwärmend bricht sie gegen
Das ungesehene Geheimnis
Der Nacht also mit ihrem Aerger aus:

O! Nacht! du Mörderin
Des Trostes! Bild der Hölle! Düsteres
Register und Verzeichnis
Der Schande! – Schwarze Büne
Für Trauerspiel' und grimmige
Mordtaten! Ungeheures, sündverhelend Chaos!
Du der Schandtaten Amme! – Blinde,
Vermumte Kuplerin! Du düstre
Herberge der Ehrlosigkeit!
Des Todes grasse Höle! –
Du flüsternde Verschwörerin
Mit zunggebundenem Verrat,
Und mit dem Schänder! –

O; hateful, vaporous and foggy night!
Since thou art guilty of my cureless crime,
Mustern thy mists to meet the eastern light,
Make war against proportion'd course of time,
Or if thou wilt permit the sun to climb
His wonted height, yet ere he go to bed
Knit pois'nous clouds about his golden head.

With rotten damps ravish the morning air,
Let their exhal'd unwholesome breaths make sick
The life of purity, the supreme fair,
Ere he arive his weary noon-tide prick,
And let the misty vapours march so thick,
That in their smoky ranks his smother'd light
May set at noon and make perpetual night.

Were Tarquin night as he is night's child,
The silver-shining queen he would disdain;
Her twinkling handmaids too, by him defil'd,
Thro' night's black bosom should not peep again.
So should I have copartners in my pain,
And fellowship in woe doth woe asswage,
As palmers that make short their pilgrimage.

Du häsliche, mit Nebel und mit Dunst
Erfülte Nacht! Da du an meinem unheilbaren
Verbrechen schuldig bist: so samle deine Nebel,
Und send' dem Licht des Osten sie entgegen.
Beginne Krieg mit dem bestimten Lauf der Zeit;
O'r wenn du doch der Sonn' erlauben willst,
Die sonst gewohnte Höhe zu ersteigen:
So knüpfe wenigstens, eh sie zu Bette geht,
Giftvolle Wolken um ihr goldnes Haupt.

Verschwängre mit verfaulten Dünsten
Die Morgenluft; Las ihren
Verhauchten ungesunden Athem so das Leben
Der Reinigkeit, die höchste Schönheit
Krank machen, eh die Sonne bis
Zu ihrem müden Mittagsstachel kommt;
Und las so dicke deine
Neblichten Dünste ziehen, daß
Ihr Licht, erstickt in deinen
Dampfichten Schaar'n, um Mittag untergehe,
Und eine ewge Nacht erschaffe.

Wenn so Tarquin Nacht wäre, als
Ein Kind der Nacht er ist: er kränkte
Mit Schmach die silberstrahl'nde Königin
Auch ihre schimmervollen Kammermädchen,
Von ihm geschändet, würden
Nie wieder durch den schwarzen Busen
Der Nacht vorblicken.

So hätt' ich noch Teilnehmerinnen
In meinen Schmerzen, und Gemeinschaft
Des Kummers lindert selbst den Kummer,
Wie Pilgrimme, die durch Geselschaft
Sich ihre Pilgrimschaft verkürzen.

Where now I have no one to blush with me,
To cross their arms and hang their heads with mine,
To mask their brows and hide their infamy;
But I alone, alone must sit and pine,
Seasoning the earth with showers of silver brine,
Mingling my talk with grief, my tears with groans,
Poor wasting monuments of lasting moans!

O Night! Thou furnace of foul-racking smoke!
Let not the jealous day behold that face,
Which underneath thy black allhiding cloak
Immodestly lies martyr'd with disgrace.
Keep still possession of thy gloomy place,
That all the faults, which in thy reign are made,
May likewise be sepulchred in thy shade.

Make me not object to the tell-tale day.
The light will show character'd in my brow,
The story of sweet chastity's decay,
Th' impious breach of holy wedlock's vow
Yea the illiterate, that know not how
To cipher what is writ in learned books,
Will quote my loathsome trespas in my looks.

Jezt aber hab ich niemand, der
Mit mir errötete, mit mir die Arme über
Einander schlüge, der sein Haupt
Mit meinem senkte, seine Stirn vermaskte,
Um seine Schande zu verbergen.
Ich mus allein, alleine sitzen, und
Mich härmen, und die Erde mit Ergüssen
Von Silberlaugen würzen.
Mit Kummer meine Worte,
Mit Aechzen meine Tränen mischen.
Armselige, hinfällige
Denkmäler ewig dau'rnden Jammers!

O Nacht! Du Ofen, der
Von garst'gem Rauche dampft!
Las nicht den eifersücht'gen Tag
Das Angesicht erblicken,
Das unter deinem schwarzen, alles
Verhüllendem Mantel, zuchtlos
Der Schande aufgeopfert liegt.
Bleib immer im Besitze
Von deinem düstern Orte, damit alle
Die Feler, die begangen werden unter deiner
Regierung, auch in deinem Schatten
Begraben werden mögen.
Mach mich doch nicht zum Gegenstand
Des plauderhaften Tags.
Das Licht wird, eingezeichnet
In meine Stirne, die Geschichte des
Verfalls der holden Keuschheit zeigen, den
Gottlosen Bruch des heil'gen Ehgelübds.
Ja! Selbst die Ungelehrten, die nicht wissen
Wie sie entziefern sollen, was
Geschrieben in gelehrten Büchern ist,
In meinen Blicken werden sie
Mein scheusliches Verbrechen lesen.

The nurse to still her child will tell my story,
And fright her crying babe with Tarquin's name.
The orator to deck his oratory
Will couple my reproach to Tarquin's shame.
Feast finding minstrels tuning my defame
Will tie the hearers to attend each line,
How Tarquin wronged me, I Collatine.

Let my good name, that senseless reputation,
For Collatine's dear love be kept unspotted.
If that be made a theme for disputation,
The branches of another root are rotted,
And undeserv'd reproach to him allotted,
That is as clear from this attaint of mine.
As I ere this was pure to Collatine.

O! Unseen shame! Invisible disgrace
O! Unfelt sore! Crest wounding, private sear!
Reproach is stampt on Collatinus' face,
And Tarquin's eye may read the note afar,
How he in peace is wounded, not in war.
Alas! How many bear such shamefull blows,
Which not themselves, but he that gives them knows.

Die Amme, um ihr Kind
Zu stillen, wird ihm meine
Geschicht' erzälen, und das schrei'nde Knäbchen mit
Tarquinens Namen schrecken.
Der Redner, seine Rede auszuschmücken,
Wird mit Tarquinens Schande meinen Vorwurf paaren;
Und Bänkelsänger werden bei
Gastmalen mein' Entehrung
Absingen, und die Hörer fesseln, achtsam
Auf jedes Wort zu merken, wie Tarquin
Mich, und ich Kollatin beleidigte.

Las meinen guten Namen,
Den unbewusten Leumund,
Um Kollatillens teurer Liebe willen,
Doch unbeflecket bleiben.
Wenn der ein Gegenstand des Streites wird:
So faulen auch die Zweige
Von einer andern Wurzel,
Und unverdienter Vorwurf
Wird ihm zu Teil, der doch so rein
Von diesem Laster ist, als ich vor dem
Rein war für Kollatin.

O ungesehne Schande!
O! Unsichtbare Schmach!
O! Ungefühlte Schwäre! Mutverwundende,
Geheime Narbe! – –
Auf Kollatinens Angesicht wird Vorwurf
Gestampfet und Tarquinens Auge kann
Die Schrift von ferne lesen, wie im Frieden er,
Und nicht im Krieg verwundet ward.

Wie viele tragen leider solche
Schaamvolle Wunden die sie selber nicht, die
Nur der sie ihnen zufügt, weis.

If, Collatine! thine honour lay in me:
From me by strong assault it is bereft,
My honey lost, and I a drone-like bee,
Have no perfection of my summer left,
But robb'd and ransack'd by injurious theft.
In thy weak hive a wandring wasp hath crept,
And suck'd the honey, which thy chaste bee kept.

Yet am I guilty of thy honour's wrack;
Yet for thy honour did I entertain him.
Coming from thee I could not put him back;
For it had been dishonour to disdain him,
Besides of weariness he did complain him,
And talk'd of virtue. O! Unlook'd for evil!
When virtue is prophaned in such a devil.

Why should the worm intrude the maiden bud?
Or hateful cuckow hatch in sparrow's nests?
Or toads infect fair founts with venom mud?
Or tyrant folly lurck in gentle breasts?
Or kings be breakers of their own behests?
But no perfecticn is so absolute,
That some impurity doth not pollute.

Wenn deine Ehre, Kollatinus!
In mir lag: so ist sie
Durch starken Angrif mir geraubt.
Mein Honig ist verloren, und
Ich, eine Dronengleiche Biene, habe
Von meinen Sommer keine
Vollkommenheit behalten; sondern bin
Geplündert und beraubt durch kränkenden Diebstal.
In deinen schwachen Bienenstock ist eine
Wandernde Wespe eingekrochen,
Und hat den Honig ausgesogen,
Den deine keusche Biene aufbewahrte. –

Und dennoch bin ich schuldig
Am Schifbruch deiner Ehre; –
Doch deiner Ehre wegen nahm ich
Ihn auf; denn da von dir er kam,
Konnt ich ihn nicht zurücke schicken, und
Ehrwiedrig wär es ja gewesen
Ihn zu verschmähen, überdies
Klagt er auch über Müdigkeit, und sprach
Von Tugend. – O! Welch unerwartet Unglück!
Die Tugend wird entweiht in solchem Teufel!

Warum mus doch der Wurm
Eindringen in die jungfräuliche Knospe?
O'r warum müssen in des Sperlings Nestern
Hasvolle Kukuks nisten?
O'r Kröten reine Quellen
Mit gift'gem Schlamm' anstecken?
Warum tyrannisirende
Torheit in edlen Herzen lauschen?
O'r Könige die Brecher ihrer eigenen
Befele seyn. Allein so rein ist keine
Volkommenheit, daß sie nicht einige
Unreinigkeit beflecke.

The aged man, that coffers up his gold,
Is plagu'd with cramps and gouts and painful fits,
And scarce has eyes his treasure to behold;
But like still pining Tantalus he sits
And useless barns the harvest of his wits,
Having no other pleasure of his gain,
But torment, that it cannot cure his pain.

So then he has it, when he cannot use it,
And leaves it to be masterd by his young,
Who in their pride do presently abuse it.
Their father was too weak, and they too strong
To hold their cursed blessed fortune long
The sweets, we wish for turn to loathed sours
E'en in the moment, that we call them ours.

Unruly blasts wait on the tender spring,
Unwholesome weeds take root with precious flowers,
The adder hisses where the sweet birds sing,
What virtue breeds, iniquity devours.
We have no good that we can say is ours;
But ill anexed opportunity
Or kills his life or else his quality.

Der Alte, der in Kasten seinen Schaz
Verschliesset, wird geplagt
Von Krämpfen, Podagra, und schmerzenvollen
Krankheiten; hat kaum Augen
Um seinen Schaz zu sehen, sondern sitzet, – gleich
Dem Tantalus, stets schmachtend – und
Verfluchet ohne Nutzen
Die Ernte seines Witzes, da von seinem
Gewinn er keine andre Freude
Hat, als die Qual, daß er
Nicht seine Schmerzen heilen kann. – –

Er hat ihn da er ihn nicht brauchen kann,
Und läst ihn nach, beherscht zu werden
Von seinen Kindern, die
In ihrem Stolz ihn alsobald misbrauchen. –
Ihr Vater war zu schwach,
Sie sind zu stark, um dies verfluchte
Geseegnete Vermögen lange zu behalten. –

Die Süssigkeiten, die
Wir wünschen, werden satte Säure
Selbst in dem Augenblick, in welchen wir
Sie unser nennen. –

Den zarten Früling
Begleiten wilde Stürme; bei köstlichen Blumen
Faßt ungesundes Unkraut Wurzel;
Die Natter zischt, wo holde Vögel singen;
Was Tugend zeugt, verschlingt das Laster.

Wir haben keine Güter die
Wir unser nennen könnten, sondern
Die übelangeknüpfete Gelegenheit
Ermordet wenn auch nicht ihr Leben
Gewis doch ihre Schäzbarkeit.

O! Opportunity! Thy guilt is great.
'T is thou, that execut'st the traitor's treason;
Thou setst the wolf where he the lamb may get;
Whoever plots the sin, thou point'st the season.
'T is thou, that spurn'st at right, at law, at reason.
And in thy shady cell, where non may spy her,
Sits sin, to seize the souls that wander by her.

Thou mak'st the vestal violate her oath;
Thou blow'st the fire when temperance is thaw'd!
Thou smotherst honesty, thou murderst troth,
Thou foul abettor, thou notorious bawd!
Thou plantest scandal and displacest laud,
Thou ravisher, thou traitor, thou false thief!
Thy honey turns to gall, thy joy to grief.

Thy secret pleasure turns to open shame;
Thy privat feasting to a publick fast;
Thy smothering titles to a ragged name;
Thy suggar'd tongue to bitter wormwood taste;
Thy violent vanities can never last:
How comes it then, vile opportunity!
Being so bad such numbers seek for thee?

Gelegenheit! O! Deine Schuld ist gros.
Du bist's, die des Verräters
Verräterei vollstreckt; du führst den Wolf
Dahin, wo er das Lam erreichen mag.
Wer auch die Sünd' entwirft,
Dein Finger zeigt ihm die bequeme Zeit.
Du bist es die da löcket wieder
Recht und Gesez, und Ueberlegung;
Und in dem Schatten deiner Höle
Wo niemand sie erspähn kann, sizt
Die Sünde, um die Seelen zu ergreifen,
Die ihr vorüber wandern. Du
Machst die Vestalin ihren Eid verletzen,
Du fachst das Feuer an,
An dem die Mässigkeit zerschmilzet. Du
Erstickst Rechtschaffenheit und mordest Treue.
Du schändlicher Verführer; Du verrufner Kupler!
Verläumdung planzest,
Und Lob zerstörest du!
Du Schänder! Du Verräter!
Du falscher Dieb! – –

Dein Honig wird zu Galle;
Zu Kummer deine Freude. Dein
Geheim Vergnügen wird
Zu offenbarer Schande. Dein
Geheimes Schwelgen, wird zu öffentlichem Fasten.
Die Titel, die dich schier ersticken, werden ein
Zerlumpter Name.
Der Zucker deiner Zungen wird zu bitterm Wermut.
Nie können deine überspannten
Falschheiten dauren. –

Wie kömmt es denn, du niederträchtige
Gelegenheit! Da du so boshaft bist,
Daß dennoch solche Mengen nach dir suchen?

When wilt thou be the humble suppliant's friend,
And bring him where his suit may be obtained?
When wilt thou sort an hour great strifes to end;
Or free that soul, which wretchedness hath chained?
Give physick to the sick, ease to the pained?
The poor, lame, blind, halt, creep, cry out for thee;
But they never meet with opportunity.

The patient dies, while the physician sleeps;
The orphan pines, while the oppressor feeds,
Justice is feasting, while the widow weeps;
Advice is sporting, while infection breeds:
Thou grant'st no time for charitable deeds.
Wrath, envy, treason, rape and murder rages,
Thy heinous hours wait on them as their pages.

When truth and virtue have to do with thee,
A thousand crosses keep them from thy aid;
They buy thy help, but sin ne'er gives a fee,
He gratis comes, and thou art well apaid,
As well to hear, as grant what he hath said.
My Colatine would else have come to me
When Tarquin did, but he was stay'd by thee.

Wann wirst du des
Demüt'gen Supplikanten Freund seyn, und
Dahin ihn führen, wo
Er seinen Wunsch erhalten mag?
Wann wirst du eine Stunde wälen,
Um grosse Streitigkeiten beizulegen, oder
Die Seele die das Elend
Gefesselt hat, befreien.
Wann wirst du Arzenei dem Kranken geben,
Und Lindrung den Gepeinigten?
Die Armen, Lahmen, Blinden, kriechen, hinken, schreien
Nach dir; allein sie treffen die
Gelegenheit nie an.

Der Kranke stirbt, indes der Arzt schläft;
Der Waise schmachtet, unterdessen
Der Unterdrücker schwelget; die
Gerechtigkeit labt sich beim Gastmal,
Indes die Witwe weint;
Der gute Rath erlustigt sich
Indes die Seuche brütet.
Zu Werken milder Liebe
Verleihst du keine Zeit. Zorn, Neid, Verrath und Mord,
Und Schändung wüten; ihnen warten deine
Heimtück'schen Stunden auf, als ihre Buben.
Wenn Redlichkeit und Tugend
Mit dir zu schaffen haben:
So halten tausend Hindernisse sie
Von deinem Schutz entfernt.
Sie kaufen deine Hülf'; allein die Sünde
Zahlt nie Gebühren, sie
Kömmt unentgeltlich vor, und du bist gut bezahlt,
Sowol durch's Hören als Gewähren ihrer Bitte.
Mein Kollatin würd' an Tarquinens Stat
Zu mir gekommen seyn; allein du hieltst ihn auf.

Guilty thou art of murder and of theft,
Guilty of perjury and subornation
Guilty of treason forgery and shift,
Guilty of incest, that abomination,
An accessary by thine inclination
To all sins past and all that are to come
From the creation to the gen'ral doom.

Misshapen time! Copesmate of ugly night!
Swift, subtle post! Carrier of griefly care!
Eater of youth! False slave to false delight!
Base watch of woes! Sin's packhorse! Virtue's snare!
Thou nursest all and murderst all that are.
O! Hear me then injurious shifting time!
Be guilty of my death, since of my crime.

Why hath thy servant opportunity
Betray'd the hours, thou gav'st me to repose?
Cancel'd my fortunes and inchained me
To endless date of never ending woes?
Time's office is to find the hate of foes,
To eat up error by opinion bred;
Not spend the dowry of a lawful bed.

Du bist des Mords und Diebstals schuldig;
Des Meineids bist du schuldig, des Verrates, der
Verfälschung und des niedrigsten Betrugs.
Bist schuldig jenes Greuels, der
Blutschande; du bist von Natur
Ein Mitverschuldeter an allen
Vergangnen und zukünft'gen Sünden, von
Der Schöpfung bis zum allgemeinen
Gerichte. –

Misgeschafne Zeit!
Du Mitgenossen der
Scheuslichen Nacht! du schneller
Betrügerischer Bote! Du Lastträgerin
Gramvoller Sorgen! Du Verzehrerin
Der Jugend! Falsche Sklavin falscher Freuden!
Des Leides niedre Wächterin
Pakpferd der Sünde! Fallstrik der Tugend:
Du närest und ermordest alle Dinge.

O! Hör mich denn du ungerechte,
Betrügerische Zeit!
Sei auch an meinem Tode schuld, da du an meinem
Verbrechen schuldig bist.

Warum hat deine Sklavin, die
Gelegenheit, die Stunden
Verraten, die du mir zur Ruhe gabst
All meine Freuden ausgelöschet, und
Mir das endlosen Datum niemals endenden
Leid's zugeschrieben?
Die Pflicht der Zeit ist, Has der Feinde zu entscheiden,
Irtum, gezeugt durch Meinung, zu verzehren,
Und nicht den Brautschaz eines
Pflichttreuen Bettes zu verschwenden.

Time's glory is to calm contending kings,
To unmask falsehood and bring truth to light,
To stamp the seal of time in aged things,
To wake the morn and centinel the night,
To wrong the wronger till he render right,
To ruinate proud buildings with thy hours,
And smear with dust their glittring golden towers.

To fill with worm-holes stately monuments.
To feed oblivion with decay of things,
To blot old books and alter their contents,
To pluck the quills from ancient ravens' wings,
To dry the old oaks' sap and cherish springs,
To spoil antiquities of hammer'd steel,
And turn the giddy round of fortune's wheel.

To show the beldame daughters of her daughter,
To make the child a man, the man a child,
To slay the tyger, that doth live by slaughter,
To tame the unicorn and lion wild,
To make the subtle in themselves beguil'd,
To chear the plowman with increaseful crops,
And waste huge stones with little waterdrops.

Der Ruhm der Zeit ist Könige,
Im Streit begriffen, zu besänftigen;
Die Falschheit zu entmasken,
Und Wahrheit an das Licht zu bringen;
Auf alte Ding' das Siegel
Der Zeit zu stampfen;
Den Morgen aufzuwecken, und die
Nacht zu bewachen; den
Beleid'ger zu beleidigen, bis er
Recht wiederfaren lasse;
Mit deinen Stunden stolze
Gebäude zu zertrümmern,
Und ihre schimmervollen goldnen Türme
Mit Staube zu beschmieren; mit
Wurmlöchern stattliche
Denkmäler zu erfüllen; die
Vergessenheit zu nähren,
Mit dem Verfal der Wesen; alte Bücher
Unleserlich zu machen,
Und ihren Inhalt zu verändern;
Aus alter Raben Flügeln
Die Spulen auszurupfen, alter Eichen Säfte
Vertrocknen und Sprösllinge zu
Verpflegen; Altertümer von gehämmertem
Stahl zu zerstören, und das
Schwindliche Rund des Schiksalsrades
Herumzudrehen; ihrer Tochter Töchter der
Matrone zeigen; und das Kind zum Mann,
Den Mann zum Kinde machen;
Den Tiger zu ermorden, der vom Morde lebt;
Das Einhorn und den wilden Löwen zämen;
Die Listigen durch ihre eigne List
Verstricket machen; mit ergieb'gen Ernten
Den Pflüger aufzumuntern;
Und ungeheure Steine
Mit kleinen Wassertropfen zu zerspülen.

Why work'st thou mischief in thy pilgrimage,
Unless thou couldst return to make amends?
One poor retiring minute in an age
Would purchase thee a thousand, thousand friends
Lending him wit that to bad debtors lends.
O! this dread night! Wouldst thou one hour come back,
I could prevent this storm and shun this wrack.

Thou ceaseless lackey to eternity!
With some mischance cross Tarquin in his flight.
Devise extremes beyond extremity
To make him curse this cursed crimeful night
[Let ghastly shadows his lewd eyes affright,]
And the dire thought of his committed evil,
Shape every bush a hideous shapeless devil.

Disturb his hours of rest with restless trances;
Afflict him in his bed with bedrid groans,
Let there bechance him pitiful mischances
To make him moan; but pity not his moans.
Stone him with harden'd hearts, harder than stones,
And let mild women to him lose their mildness,
Wilder to him than tygress in their wildness.

Warum wirkst du auf deiner Pilgrimschaft
Unheil, da du nicht wiederkehren kanst,
Es zu vergüten? Eine einzige,
Armselige Minute, die in einem ganzen
Jahrhundert wiederkehrte, würde
Dir tausend, tausend Freunde kaufen,
Indem sie dem Verstand verliehe,
Der bösen Schuldnern leiht. –

O! diese fürchterliche Nacht! – –
Kämst du doch eine Stunde nur zurück!
So könt' ich diesem Sturm entgehn,
Und mich vor diesem Schifbruch hüten. –

O! du rastloser Diener
Der Ewigkeit versperre doch
Tarquinens Flucht mit irgend einem Unheil.
Erfinde Möglichkeiten
Jenseits des Möglichen, um ihn dahin zu bringen,
Daß er verfluche, diese fluchbeladene
Verbrechenvolle Nacht,
Und den erschrecklichen Gedanken seines
Begangnen Uebels. Stalte
Zu einem ungestalten,
Scheuslichen Teufel jeden Busch.
Verstöhr mit ruhelosen
Schreckbildern seine Ruhestunden.
Plag ihn in seinem Bette mit
Betlägerigen Aechzen;
Da las ihn jämmerliche Unglücksfälle treffen,
Und ihn zum Stönen zwingen, aber habe kein
Mitleid mit seinem Stönen; steinig' ihn
Mit Herzen die noch härter sind als Steine.
Las sanfte Weiber ihre Sanftmut
Bei ihm verliern, wilder gegen ihn
Als Tigerinnen in der grösten Wildheit werden.

Let him have time to tear his curled hair,
Let him have time against himself to rave,
Let him have time of time's help to despair,
Let him have time to live a loathed slave,
Let him have time a beggar's orts to crave,
And time to see one that by alms doth live
Disdain to him disdained scraps to give.

Let him have time to see his friends his foes,
And merry fools to mock at him resort:
Let him have time to mark how slow time goes
In time of sorrow, and how swift and short
His time of folly and his time of sport.
And ever let his unrecalling time
Have time to wail th' abusing of his time.

O! Time! Thou father both to good and bad
Teach me to curse him that thou taught'st this ill.
At his own shadow let the thief run mad;
Himself himself seek every hour to kill:
Such wretched hands such wretched blood should spill.
For who so base would such an office have,
As slandrous Deaths-man to so base a slave?

Las ihn Zeit haben, zu zerreißen sein
Gekräuselt Haar; las ihn Zeit haben, gegen
Sich selbst zu wüten; las ihn
Zeit haben zu verzweifeln an der Hülfe
Der Zeit. Las ihn Zeit haben,
Als ein verworfner Sklav zu leben;
Las ihn Zeit haben zu erbetteln, was
Ein Betler wegwirft;
Und Zeit, zu sehn wie einer, der von
Almosen lebt, es für verächtlich hält,
Verächtliche Brosamen ihm zu geben.
Las ihn Zeit haben seine Freunde
Als seine Feinde zu erblicken,
Und lust'ge Narren ihn zum öffentlichen
Gelächter machen.
Las ihn Zeit haben zu bemerken,
Wie langsam in der Zeit des Kummers
Die Zeit geht, und wie schnell
Und eilig seine Zeit der Torheit
Und seine Zeit der Freuden.
Und las beständig seine nicht zurück
Rufende Zeit Zeit haben, zu beweinen
Den Misbrauch seiner Zeit.

O Zeit! Du Vater beides,
Des Guten und des Bösen! Lehre mich
Ihn zu verfluchen, den du dieses Uebel lehrtest.
Las über seinen eignen Schatten
Den Räuber rasend werden. Las
Ihn selbst sich jede Stunde selbst zu tödten suchen:
Denn so nichtswürd'ge Hände müssen solch
Nichtswürdig Blut vergiessen.
Wer wäre sonst so niederträchtig, der
Ein solch Geschäfte übernähme,
Zu seyn der mörderische Büttel eines
So niederträcht'gen Sklaven.

The baser is he coming from a king,
To shame his hopes with deeds degenerate;
The mightier man, the mightier is the thing
That makes him honour'd or begets him hate:
For greatest scandal waits on greatest state.
The moon being clouded presently is miss'd
But little stars may hide them when they list.

The crow may bathe his cole-black wings in mire,
And unperceiv'd fly with the filth away;
But if the like the snow-white swan desire,
The stain upon his silver down will stay.
Poor grooms are sightless night, kings glorious day,
Gnats are unnoted wheresoe'er they fly,
But eagles gaz'd upon with ev'ry eye.

Oh! Idle words! Servants to shallow fools!
Unprofitable sounds! Weak arbitrators!
Busy yourselves in still-contending schools;
Debate where leisure serves with dull debators;
To trembling clients be their mediators;
For me, I force not argument a straw
Since that my case is past the help of law.

Um desto niederträchtiger ist er,
Da er von einem Könige abstammt,
Und seine Hofnungen mit ausgearteten
Handlungen so beschämt.

Je mächtiger der Mann ist, desto mächtiger
Ist das, was ihn geehrt macht, oder
Ihm Has erzeugt. Den grösten Stand
Begleitet auch das gröste Aergernis.
So bald der Mond bewölkt ist, wird er gleich vermißt;
Hingegen kleine Sterne mögen sich
Verbergen wenn sie wollen.
Die Krähe mag im Kote ihre
Kolschwarzen Flügel baden,
Und unbemerket, mit dem Schmuz wegfliegen;
Allein wenn der schneeweisse Schwan ein gleiches
Verlangt'; auf seinen Silberpflaumen würde
Der Flecken stets verbleiben.
Armseel'ge Knechte sind sichtlose Nacht;
Hingegen Könige glorreicher Tag.
Wohin auch Mücken fliegen,
Sie bleiben immer unbemerkt:
Allein nach Adlern gaffet jedes Aug. –

O! eitle Worte! Diener seichter Narren!
Ihr vorteillosen Töne! Schwache
Schiedsrichter! Sucht Beschäftigung
In ewig streitbegrifnen Schulen.
Und disputiret da, wo Musse ist
Für seichte Disputanten. Dient
Als Mittelsleute zitternden Klienten.
Ich aber, – ich setz keinen Strohalm
Auf Demonstrationen:
Denn meine Sach' ist über des Gesetzes Hülfe.

In vain I rail at opportunity,
At time, at Tarquin and unsearchful night!
In vain I cavil with mine infamy;
In vain I spurn at my confirm'd despight:
This helpless smoke of words doth me no right.
The remedy indeed to do me good
Is to let forth my foul defiled blood.

Poor hand! Why quiverst thou at this decree?
Honour thyself to rid me of this shame:
For if I die my honour lives in thee:
But if I live thou liv'st in my defame,
Since thou couldst not defend thy loyal dame,
And wast afraid to scratch her wicked foe.
Kill both thyself and her for yielding so.

This said, from her betumbled bed she starts
To find some desp'rate instrument of death;
But this no slaughter-house no tool imparts
To make more passage for her breath,
Which thronging thro' her lips so vanisheth
As smoke from Aetna that in air consumes,
Or that which from discharged canon fumes.

Vergebens schmäl' ich auf die Zeit,
Auf die Gelegenheit, auf den Tarquin,
Und die durchsuchungslose Nacht.
Vergebens hadre ich mit meiner Schande;
Vergebens löck' ich wieder meine
Fest ausgemachte Schmälichkeit.
Kein Recht schaft dieser
Hülflose Dampf von Worten mir.
Das Mittel, wahren Nutzen mir zu schaffen,
Ist Luft zu machen meinem
Befleckten, bösen Blut. –

Du arme Hand!
Was schauderst du bei diesem Vorsaz?
Mach dich geehrt, indem du mich befrei'st
Von dieser Schande; wenn
Ich sterbe, lebt ja meine Ehr' in dir:
Wenn ich hingegen lebe, so lebst du
In meiner Schande, weil du deine
Rechtmässige Gebietrin nicht
Verteid'gen kontest, und dich furchtest, ihren
Boshaften Feind zu kratzen.
O! Tödte dich und sie für diese Uebergabe.

Und dies gesagt, springt sie von ihrem
Zerwälzten Bette auf, um irgend ein
Verzweifelt Instrument des Todes
Zu finden; aber diese Wonung,
Kein Haus des Mordens, bietet ihr
Kein Werkzeug dar, um ihrem Athem
Mehr Luft zu machen, der
Durch ihre Lippen drängend, so verschwindet
Wie Rauch vom Aetna, welcher in der Luft
Verweset, oder der, so aus
Gelöseten Kanonen dampft.

In vain, quoth she, I live, and seek in vain
Some happy mean to end an hapless life:
I fear'd by Tarquin's fauchion to be slain,
Yet for the self-same purpose seek a knife;
But when I fear'd I was a loyal wife.
So I am now: Oh! no. That cannot be,
Of that true type hath Tarquin rifled me.

Oh! That is gone for which I sought to live,
And therefore now I need not fear to die.
To clear this spot, by death (at least) I give
A badge of fame to slander's livery,
A dying life to living infamy!
Poor helpless help! The treasure stol'n away
To burn the guiltless casket where it lay.

Well, well, dear Colatine! Thou shalt not know
The stained taste of violated troth:
I will not wrong thy true affection so,
To flatter thee with an infringed oath.
This bastard graft shall never come to growth.
He shall not boast who did thy stock pollute
That thou art doting father of his fruit;

Vergebens, sagt sie, leb' ich; und
Vergebens such ich irgend
Ein glücklich Mittel, ein hülfloses Leben
Zu enden. – Ich befürchtete, erschlagen
Zu werden von Tarquinens Säbel: und
Doch such ich zu demselben Zweck ein Messer.
Allein da ich mich fürchtete,
Da war ich ein pflichttreues Weib.
Das bin ich noch. – O! Nein das ist nicht möglich,
Tarquin hat diesen ächten Stempel mir geraubt,
Ach! Das ist hin, für welches ich zu leben suchte;
Und also darf ich nun mich nicht
Zu sterben fürchten. Wenn ich diesen Flecken
Ausmerze durch den Tod:
So geb' ich wenigstens der Liveree
Der Schande ein Abzeichen
Des Ruhms, ein sterbend Leben
Der lebenden Ehrlosigkeit. –

Du arme
Hülflose Hülfe! – Da der Schatz
Hinweggestohlen ist, das
Schuldlose Kästchen zu verbrennen, wo er lag! –

Wol! Wol! Geliebter Kollatin!
Du solst nicht den befleckten
Geschmack' verlezter Treue kennen.
Ich will nicht deine ächte Liebe so
Beleidigen, um dich mit einem
Gebrochnen Eid zu täuschen.
Dies Bastard Gras soll nimmer
Zum Wachstum kommen.
Er soll sich nicht berümen,
Der deinen Stam befleckte, daß
Du der verliebte Vater bist von seiner Frucht.

Nor shall he smile at thee in secret thought,
Nor laugh with his compagnions at thy state:
But thou shalt know, thy int'rest was not bought
Basely with gold, but stol'n from forth thy gate.
For me, I am the mistress of my fate,
And with my trespass never will dispense
Till life to death acquit my first offence.

I will not poison thee with my attaint,
Nor fold my fault in cleanly coin'd excuses;
My fable ground of sin I will not paint
To hide the truth of this false night's abuses.
My tongue shall utter all; mine eyes like sluces,
As from a mountain spring that feeds a dale,
Shall gush pure streams to purge my impure tale.

By this lamenting Philomel had ended
The well-tun'd warble of her nightly sorrow,
And solemn night with slow, sad gate descended
To ugly hell; when, loe! the blushing morrow
Lends light to all fair eyes that light would borrow.
But cloudy Lucrece shames herself to see,
And therefore still in night would cloister'd be.

Noch soll er lächeln über dir
In heimlichen Gedanken;
Noch über deine Lage
Mit seinen Mitgenossen lachen: du
Solst wissen, daß dein Eigentum nicht niederträchtig
Mit Gold erkaufet worden; sondern
Aus deinem Schlos hinweg gestolen ist.
Und ich, – ich bin Gebieterin
Von meinem Schicksal, und ich werde
Mein' Uebertretung nie vergeben, bis
Das Leben meine erste
Beleidigung dem Tod' quittirt.
Ich will mit meiner Seuche
Dich nicht vergiften, will nicht meinen Feler
In rein gestempelte Entschuldigungen falten;
Ich will den schwarzen Boden meiner Sünde
Nicht übermalen, um die Warheit zu verbergen
Von dieser falschen Nacht Mishandlungen.
Nein! Meine Zung' soll alles offenbaren;
Gleich Schleusen sollen meine Augen, wie
Von eines Berges Quelle, die ein Tal
Ernäret, reine Ström' ergiessen, meine
Unrein' Erzälung
Zu reinigen.

Indessen hatte die
Betrübte Philomele
Den wolgestimmten Triller ihres
Nächtlichen Grams geendet, und
Die feierliche Nacht war mit langsamen
Traurigem Schrit zur grausen Höll' hinabgestiegen;
Und siehe! nun verleihet, sanft errötend,
Der Morgen allen schönen Augen Licht
Die nur Licht borgen wollen: aber die umwölkte
Lukrezia schämt sich, sich selbst zu sehn,
Und wolte darum stets in Nacht verschlossen seyn.

Revealing day thro' ev'ry cranny spies
And seems to point her out where she sits weeping,
To whom she sobbing speaks: O! Eye of eyes!
Why pry'st thou thro' my window? Leave thy peeping,
Mock with thy tickling beams eyes that are sleeping,
Brand not my forehead with thy piercing light;
For day hath nought to do what's done by night.

Thus cavils she with ev'ry thing she sees.
True grief is fond und testy as a child,
Who wayward once, his mood with nought agrees.
Old woes, not infant sorrows bear them mild;
Continuance tames the one, the other wild,
Like an unpractis'd swimmer plunging still,
With too much labour drowns for want of skill.

So she deep drenched in a sea of care
Holds disputation with each thing she views,
And to herself all sorrow doth compare;
No object but her passion's strength renews,
And as one shifts, another straight ensues.
Sometimes her grief is dumb und hath no words;
Sometimes 't is mad and too much talk affords.

Der offenbarende
Tag blickt durch jede Ritze,
Und scheint auf sie zu zeigen, wo sie sizt und weint.
Sie redet seufzend so ihn an:

O! Aug der Augen! Warum blickest du
Durch meine Fenster? Las dein Blicken. Neck' mit deinen
Kitzelnden Stralen, Augen, welche schlafen,
Brandmarke nicht mit deinem
Durchbor'nden Lichte meine Stirn.
Der Tag hat nichts zu thun mit dem,
Was in der Nacht geschehen ist.

So zanket sie mit jedem Dinge, das
Sie siehet. Wahrer Gram ist törig
Und launisch, wie ein Kind, des Laune,
Wenn einmal es verdrieslich ist,
Mit nichts sich paaret. Alte Leiden
Geberden sich wol sanft; allein
Unmünd'ger Kummer nie. Die einen zämt die Dauer;
Der andre wild, gleich einem ungeübten Schwimmer,
Taucht immer unter; und ertrinket bei
Zu vieler Müh', aus Mangel an Geschicklichkeit. –
So streitet, tief ertränkt in einer See
Von Sorgen, sie mit jedem Ding,
Das sie erblicket, und
Vergleichet allen Jammer mit sich selbst.
Da ist kein Gegenstand, der nicht
Die Stärke ihrer Leidenschaft erneuert;
Und so wie einer schwindet, folget straks
Ein andrer. Manchmal ist ihr Kummer stum,
Und hat nicht Worte; manchmal ist
Er wütend, und verleiht zu viele Sprache.

The little birds that tune their morning's joy
Make her moans mad with their sweet melody.
For mirth doth search the bottom of annoy;
Sad souls are slain in merry company,
Grief best is pleas'd with grief's society,
True sorrow then is feelingly surpris'd
When with like semblance it is sympathis'd.

'T is double death to drown in ken of shore;
He ten times pines that pines beholding food;
To see the salve doth make the wound ake more;
Great grief grieves most at that will do it good;
Deep woes roll forward like a gentle flood,
Which being stopt the bounding banks o'erflows,
Grief dallied with nor law nor limit knows.

You mocking birds, quoth she, your tunes intomb
Within your hollow swelling, feather'd breasts.
And in my hearing be you ever dumb;
My restless discord loves no stops nor rests,
A woeful hostess brooks no merry guests.
Relish your nimble notes to pleasing ears
Distress likes dumps when time is kept with tears.

Die kleinen Vögel welche ihre Morgenfreud
Ertönen, machen ihre Seufzer toll
Mit ihrer süssen Melodie;
Denn Freude sucht des Kummer Boden.

Betrübte Seelen tödtet fröliche
Geselschaft; Kummer ist am liebsten in des Kummers
Gemeinschaft. Wahre Traurigkeit
Wird dann empfindlich überrascht,
Wenn gleicher Schein mit ihr sympathisirt.
Es ist zwiefacher Tod im Angesicht
Des Ufers zu ertrinken.
Der schmachtet zehnmal der im Anblick
Der Speise schmachtet.
Die Salbe sehen macht die Wunde
Mehr schmerzen; grosser Gram
Grämt sich am meisten über das
Was ihn erquicken mag.
Die tiefen Leiden rollen hin,
Gleich einer edlen Flut,
Die wenn sie aufgehalten wird,
Die Ufer, die sie hemmen, überfließt.
Der Kummer, wenn man mit ihm scherzt,
Kennt nicht Gesez noch Grenzen. –

Begrabet, sagt sie, ihr
Neckenden Vögel eure Tön' in euren hohlen,
Befiederten, geschwoll'nen Brüsten;
Und seid, wenn ich euch hören kann, beständig stum:
Denn meine ruhelose
Disharmonie liebt keine Ruhepunkte, kein
Einhalten. Eine kummervolle Wirtin
Kann keine frohen Gäste leiden.
Ergözt mit euren schnellen Noten
Vergnügte Ohren: Kummer liebet Phantasien
Worin der Takt gehalten wird mit Tränen.

Come, Philomel, that singst of ravishment;
Make thy sad grove in my disshevell'd hair.
As the dank earth weeps at thy languishment:
So I at each sad strain will strain my tear,
And with deep groans the diapason bear.
For burden-wise I 'll hum on Tarquin still.
While thou on Tereus descants better skill.

And while against a thorn thou bear'st thy part,
To keep thy sharp woes waking: wretched I,
To imitate thee well, against my heart
Will fix a sharp knife, to affright mine eye,
Who, if it wink, shall thereon fall and die.
These means, as frets upon an instrument,
Shall tune our heart-strings to true languishment.

And for, poor bird, thou sing'st not in the day,
As shaming any eye should thee behold:
Some dark deep desart seated from the way,
That knows not parching heat nor freezing cold,
We will find out; and there we will unfold
To creatures stern sad tunes, to change their kinds:
Since men prove beasts, let beasts bear gentle minds.

Kom, Philomele! die du singst
Von Schändung: mache deine Trauergrotte
In meinem aufgelößten Haar.
So wie ob deinem Härmen
Die feuchte Erde weint:
So will bei jeder Note
Ich eine Thrän' auspressen, und
Mit tiefen Seufzern die Akkorden halten; denn
Duettenweise will ich hummen* von
Tarquin, indem du künstlicher
Vom Tereus diskantirst.
Indessen gegen einen Dorn
Du deine Rolle machst, um deine scharfen Leiden
Stets wacker zu erhalten; will ich elende,
Um dir wol nachzuahmen, gegen
Mein Herz ein scharfes Messer heften, um
Mein Auge zu erschrecken, das,
Wenn es sich senket, darauf fallen soll
Und sterben. Diese Mittel sollen, gleich dem Steg
Auf einem Instrument, zur wahren
Melancholie die Saiten unsrer Herzen stimmen.
Und da du, armer Vogel nicht am Tage singst,
Als schämtest du dich, daß wol irgend
Ein Auge dich erblicken möchte:
So woll'n wir irgend eine dunkle, tiefe Wüste
Ausfinden, die, vom Weg' entlegen, keine
Sengende Hitze kennt, noch kalten Frost:
Da woll'n wir rauhen Tieren
Betrübte Tön' entfalten, um ihr Wesen zu
Verändern; denn da Menschen Tiere werden:
So mögen Tiere holden Sinnes werden.

* Ich weis in unsrer Sprache keine edlere Worte, die der Bedeutung dieser: hummen und diskantiren hier volkommen entsprechen; also durft ich nicht auf den Adel sehen, sondern muste das geschickteste wälen. (A. d. Ü.)

As the poor frighted deer, that stands at gaze,
Wildly determining which way to fly;
Or one, incompast with a winding maze,
That cannot tread the way out readily:
So with herself is she in mutiny,
To live or die, which of the twain were better,
When life is shamed, and death reproaches' debtor?

To kill myself, quoth she, alack! what were it,
But with my body my poor soul's pollution?
They, that loose half, with greater patience bear it,
Than they whose whole is swallow'd in confusion.
That mother tries a merciless conclusion,
Who, having two sweet babes, when death takes one,
Will slay the other, and be nurse to none.

My body or my soul, which was the dearer,
When the one pure, the other made divine?
Whose love of either to myself was nearer,
When both were kept for Heaven and Colatine?
Ah me! The bark peal'd from the lofty pine:
His leaves will wither and his sap decay.
So must my soul, her bark being peal'd away.

So wie das arme,
Erschreckte Wild, das gaffend da steht, und
Sich wild besinnet, welchen Weg es fliehen soll;
O'r einer, eingeschlossen
In einem schlängelnden Irgarten, der
Nicht bald den Ausweg finden kann:
So ist sie mit sich selbst in Zwist,
Ob leben, oder sterben, welches
Von beiden besser wäre, da das Leben
Beschämt ist; und der Tod der Schanden Schuldner.

Mich selbst zu tödten! sagt sie, – Ach!
Was wär es, als zugleich mit meines Leibes,
Auch meiner armen Selen
Befleckung? – Die so eine Hälfte
Verlieren, tragen es mit grösserer Gedult,
Als solche, deren ganzes
Verschlungen in Verwirrung ist.
Die Mutter waget einen mitleidlosen Schlus,
Die zween holde Kinder habend,
Wenn ihr der Tod das eine nimt,
Nun auch das andre würgt
Und keines säuget. –

Mein Leib , o'r meine Seele,
Wer war mir lieber, da
Der eine unbefleckt war, und
Die andre göttlicher Natur?
Wes Liebe lag mir näher an von beiden,
Da beide aufbehalten wurden für
Den Himmel und für Kollatin? –
Weh mir! – Wenn von der hohen Fichte
Die Rinde abgeschält ist: welken ihre Blätter,
Ihr Saft vertrocknet. – So mus meine Seele;
Denn abgeschält ist ihre Rinde.

Her house is sack'd, her quiet interrupted,
Her mansion batter'd by the enemy,
Her sacred temple spotted, spoiled, corrupted,
Grossly ingirt with daring infamy.
Then let it not be call'd impiety,
If in this blemish'd fort I make some hole,
Thro' which I may convey this troubled soul.

Yet die I will not till my Colatine
Have heard the cause of my untimely death,
That he may vow in that sad hour of mine
Revenge on him that made me stop my breath.
My stained blood to Tarquin I'll bequeath,
Which by him tainted shall for him be spent,
And as his due writ in my testament.

My Honour I 'll bequeath unto the knife,
That wounds my body so dishonoured:
'T is honour to deprive dishonoured life.
The one will live, the other being dead:
So of shame's ashes shall my fame be bred;
For in my death I murder shameful scorn:
My shame so dead, my honour is new born.

Geplündert ist ihr Haus,
Und unterbrochen ihre Ruhe.
Zertrümmert von dem Feind' ist ihre Wonung;
Ihr heilger Tempel ist befleckt,
Zerstöret, und verdorben, gröblich
Von dreister Schmach umgürtet.
So nenne man es nicht Gottlosigkeit,
Wenn ich in dieser
Entstellten Festung eine Oefnung mache
Wodurch ich diese kummervolle Sele
Wegbringen mag. –

Doch, sterben will ich nicht,
Bevor mein Kollatin die Ursach meines
Unzeitgen Tod's vernommen,
Damit in dieser meiner Trauerstunde
Er Rache über den gelobe, der
Mich meinen Athem hemmen machte. –

Tarquinen will ich mein
Verunreinigtes Blut vermachen, das
Von ihn befleckt, für ihn vergossen,
Und als sein Eigenthum in meinem Testament
Geschrieben werden soll. – Dem Messer,
Das meinen so entehrten Leib verwundet,
Vermach' ich meine Ehre. – Es ist Ehre, zu
Befreien von entehrtem Leben.
Die eine wird noch leben nach
Dem Tod des andern, und so wird mein Ruhm
Erzeuget werden aus der Asche
Der Schande: denn in meinem Tod
Ermord' ich die schaamvolle
Verachtung. So wird meine Ehre durch
Den Tod der Schande neu geboren.

Dear Lord of that dear jewel I have lost!
What legacy shall I bequeath to thee?
My resolution, love! shall be thy boast,
By whose example thou reveng'd may'st be.
How Tarquin must be used, read it in me.
Myself thy friend will kill myself thy foe,
And for my sake serve thou false Tarquin so.

This brief abridgement of my will I make:
My soul and body to the skies and ground,
My resolution husband do you take,
My honour be the knife's, that makes my wound,
My shame be his that did my fame confound;
And all my fame that lives, disbursed be
To those, that live and think no shame of me.

Then Colatine shall oversee this will.
How was I overseen, that thou shalt see it!
My blood shall wash the slander of mine ill;
My life's foul deed my life's fair end shall free it.
Faint not faint heart, but stoutly say: so be it.
Yield to my hand, and that shall conquer thee:
Thou dead that dies, and both shall victors be.

Welch ein Vermächtnis soll ich dir vermachen,
Du teurer Herr von dieser teuren
Juwele, welche ich verloren habe? – Meines
Entschlusses magst du, Lieber!
Dich rümen und nach deren Beispiel
Dich rächen. Lies' in mir
Wie man Tarquin begegnen mus.
Ich deine Freundin, will
Mich, deine Feindin, tödten.
Und tue du um meinetwill'n das am Tarquin.

Dies sei also der kurze Inhalt
Von meinem Testamente: Meine Sel'
Und meinen Leib den Lüften und der Erde; meinen
Entschlus nim du, Gemal!
Und meine Ehre sey des Messers,
Das meine Wunde machet; meine Schande
Sey des, der meinen Ruhm vernichtete.
Und aller Ruhm, der von mir lebt,
Verbreite sich auf die, so leben,
Und keine Schande von mir denken.

So soll denn Kollatinus die
Vollziehung dieses Testaments versehen. –
O! Wie so sehr ward ich versehen,
Das du es sehen wirst! – Mein Blut
Wird meines Unglücks Schand' abwaschen.
Von meines Lebens schnöder Tat
Wird meines Lebens schönes Ende es befreien.

Werd nicht ohnmächtig, du
Mein bloses Herz! Sag standhaft:
Es soll so seyn. Ergieb dich meiner Hand,
Die wird dich überwinden. –
In deinem Tod stirbt sie, und beide werdet
Ihr Sieger seyn.

This plot of death when sadly she had laid,
And wiped the brinish pearl from her bright eyes,
With untun'd tongue she coarsely call'd her maid,
Whose swift obedience to her mistress hies;
For fleet-wing'd duty with thoughts' feathers flies.
Poor Lucrece's cheeks unto her maid seem so
As winter-meads when sun doth melt their snow.

Her mistress she doth give demure good morrow,
With soft, slow tongue, true markes of modesty,
And sorts a sad look to her Lady's sorrow;
(For why, her face was sorrow's livery)
But durst not ask of her audaciously
Why her two suns were cloud-eclipsed so?
Nor why her fair cheeks overwash'd with woe?

But as the earth doth weep the sun being set,
Each flower moisten'd, like a melting eye;
E'en so the maid with swelling drops 'gan wet
Her circled eyne, enforced by sympathy
Of those fair suns set in her mistress' sky,
Who in a salt-waved Ocean drencht their light,
Which makes the maid weep, like the dewy night.

Da diesen Plan des Todes sie
Betrübt entworfen, und von ihrem glänzenden
Aug' eine salz'ne Perle abgewischt: ruft sie
Mit ungestimter Zunge heiser ihrer Magd,
Die schnellgehorchend ihrer
Gebieterin zueilet. Die
Behendbeflügelte
Pflicht fliegt mit Schwingen der Gedanken.

Der armen,
Lukrezie Wangen scheinen ihrer Magd
Wie Winterwiesen, wenn
Die Sonne ihren Schnee zerschmilzt.
Sie wünschet sinnig ihrer Herschaft guten Morgen,
Mit leiser, sanfter Zunge, –
Den wahren Zeichen der Bescheidenheit; –
Und paßte zur Betrübnis ihrer Dame einen
Betrübten Blick: – Denn ihr Gesicht
War die Montur des Kummers.
Allein sie wagte nicht sie kühn zu fragen,
Warum doch ihre beiden Sonnen so von Wolken
Verfinstert, oder ihre schönen Wangen
So mit Betrübnis übergossen wären. Aber –
So wie die Erde weinet, wenn
Die Sonne untergangen, jede Blume
Befeuchtet wie ein schmelzend Auge: – so
Began die Magd zu nezen ihrer Augen Kreise
Mit schwell'nden Tropfen,
Entpresset von der Sympathie
Mit jenen schönen Sonnen, die am Himmel ihrer
Gebietrin untergangen waren, und ihr Licht
Ertränkten in den salznen Wogen
Des Ozeans; darob die Magd,
Gleich dem betauten Abend, weint.

A pretty while these pretty creatures stand,
Like ivory conduits coral cisterns filling:
One justly weeps, the other takes in hand
No cause but company of her drops spilling.
Their gentle sex to weep are often willing,
Grieving themselves to guess at others' smarts,
And then they drown their eyes or break their hearts.

For men have marble, women waxen minds,
And therefore they are form'd as marble will,
The weak oppresst th' impression of strange kinds
Is form'd in them by force, by fraud or skill.
Then call them not the authors of their ill,
No more, than wax shall be accounted evil,
Wherein is stamp'd the semblance of a devil.

Their smoothness, like a champain plain,
Lays open all the little worms that creep:
In man, as in a rough grown grove remain
Cave-keeping evils, that obscurely sleep;
Thro' crystal walls each little mote will peep.
Tho' men can cover crimes with bold, stern looks,
Poor women's faces are their own faults' books.

Ein artig Weilchen standen diese artigen
Geschöpfe, elfenbeinern Wasserrören gleich, die
Korallene Zisternen füllen:
Die eine weint mit Grund, die andre
Hat keine Ursach ihre Tropfen zu
Vergiessen, als Geselschaft. –

Ihr sanft Geschlecht ist oft bereit
Zu weinen: andrer Schmerzen zu
Erraten härmen sie sich ab, und dann ersäufen
Sie ihre Augen oder brechen ihre Herzen.
Denn Männer haben marmorne
Und Weiber wächserne Gemüter:
Und also werden sie gebildet, wie
Der Marmor will.

So, wie
Man zarte Dinge drückt, wird durch Gewalt, durch
Trug, oder durch Geschicklichkeit in ihnen
Der Eindruck fremder Arten abgebildet.
Nennt also sie nicht Stifterinnen ihres
Unheils; nicht mehr, als man dem Wachs es übel
Anrechnen kann, darin das Bild
Von einem Teufel abgedrücket ist.
Gleich einer flachen Ebne
Legt ihre Sanftheit all die kleinen, kriechenden
Gewürme dem Gesichte blos.
Im Manne bleiben, wie in einem rauh
Bewachs'nen Wäldchen, hölenhütend
Die Uebel, die im dunkeln schlafen. – Durch
Kristalne Wände wird
Ein jedes Stäubchen blicken. –
Die Männer können ihre Laster wol
Mit kühnem, hehren Blick bedecken:
Allein der armen Weiber Angesichte
Sind Bücher ihrer eignen Feler.

No man inveighs against the wither'd flower,
But chides rough winter, that the flower hath kill'd:
Not that's devour'd but that which doth devour
Is worthy blame. Oh! Let it not be held
Poor women's faults, that they are so fulfill'd
With men's abuses: those proud Lords to blame
Make weak-made women tenants to their shame.

The precedent whereof in Lucrece view.
Assail'd by night with circumstances strong
Of present death and shame, that might ensue
By that her death, to do her husband wrong:
Such danger to resistance did belong,
The dying fear thro' all her body spread,
And who cannot abuse a body dead?

By this mild patience bid fair Lucrece speak
To the poor counterfeit of her complaining:
My girl, quoth she, on what occasion break
Those tears from thee, that down thy cheeks are raining?
If thou dost weep for grief of my sustaining:
Know, gentle wench, it small avails my mood.
If tears could help, mine own would do me good.

Auf die verwelkten Blumen zürnet niemand;
Man schmälet auf den rauhen Winter, der die Blumen
Getödtet hat. Nicht was verschlungen wird,
Das, was verschlingt, ist tadelnswehrt.
O! Haltet es nicht für der armen Weiber Fehl,
Daß sie so angefüllet sind von den
Mishandlungen der Männer;
Denn eben diese stolzen Herren,
Die wirklich tadelnswert sind, machen
Die zartgeschafnen Weiber zu
Lehnträgerinnen ihrer Schande.

Davon seht an Lukrezien ein Beispiel.
Bei Nachtzeit angegriffen von
Furchtbar'n Begebenheiten,
Von gegenwärt'gem Tod, und Schande, die
Zur Kränkung ihres Mannes
Aus diesem ihrem Tod erfolgen möchte: –
So grosse Färlichkeit war mit
Dem Widerstand verbunden.
Durch alle ihre Glieder
Verbreitete sich todte Furcht:
Und wer kann einen todten Leichnam nicht mishandeln?

Nun fing die schöne
Lukrezia an sanfte
Gedult zu reden mit dem armen Ebenbilde
Von ihrer Traurigkeit. Was macht, sprach sie,
Mein Kind! in diese Tränen dich ausbrechen,
Die über deine Wangen regnen?
Wenn du aus Kummer weinst, ob meinen Leiden:
So wisse, gutes Mädchen! das kann meiner
Betrübnis wenig helfen.
Wenn Tränen helfen könnten:
So würden meine eignen mir Erleichtrung schaffen.

But tell me, girl! When went (and there she stay'd
Till after a deep groan) Tarquin from hence?
Madam! ere I was up, replied the maid.
The more to blame my sluggard negligence:
Yet with the fault I thus far can dispense,
   Myself was stirring ere the break of day,
   And ere I rose was Tarquin gone away.

But, Lady! If your maid may be so bold,
She would request to know your heaviness.
O! Peace! qnoth Lucrece, if it should be told,
The repetition cannot make it less;
For more it is than I can well express,
   And that deep torture may be call'd a hell,
   When more is felt, than one hath power to tell.

Go, get me hither paper, ink, and pen;
Yet save that labour: for I have them here.
What should I say? One of my husband's men
Bid thou be ready by and by, to bear
A letter to my Lord, my love, my dear;
   Bid him with speed prepare to carry it,
   The cause craves haste and it will soon be writ.

Doch sag mir Mädchen! wenn
Ging – und hier hielt sie ein, bis
Nach einem tiefen Seufzer –
Tarquin von hier?
Noch eh ich aufgestanden war, Madam!
Erwiederte die Magd,
Um desto mehr ist meine träge
Nachlässigkeit zu tadeln, doch
In so fern kann ich diesen Feler mir vergeben:
Ich stand nach vor des Tages Anbruch auf,
Und eh' ich aufstand war Tarquin schon fort.

Doch, gnäd'ge Frau! wenn eure Magd
So kühn seyn darf: so möchte
Sie um die Ursach eurer Schwermut bitten.
O! Stille! sagt Lukrezia,
Wenn ich sie dir auch sagte:
Die Widerholung kann sie nicht geringer machen.
Denn sie ist grösser als ich wol
Ausdrücken kan; und diese tiefe Qual
Mag man mit Recht wol eine Hölle nennen,
Wenn die Empfindung grösser ist
Als man im Stand' ist auszudrücken. –
Geh, bringe mir Papier und Dinte
Und Feder her.

Doch spare nur die Mühe
Ich hab sie hier. – Was wolt ich sagen? – Las doch einen n
Von meines Mannes Leuten
Gelegentlich sich fertig halten, einen Brief
Zu meinen Herren, meinem Lieben, meinem Teuren
Zu bringen. – Heiß ihn, schnell sich fertig machen
Ihn hinzutragen; denn die Ursach heischet Eile,
Und er wird bald geschrieben seyn.

Her maid is gone and she prepares to write,
First hovering o'r the paper with her quill;
Conceit and grief in eager combat fight.
What wit sets down is blotted still with will;
This is too curious good, this blunt and ill.
Much like a press of people at a door,
Throng her imaginations, which shall go before.

At last she thus begins: Thou worthy Lord
Of that unworthy wife, that greeteth thee;
Health to thy person! Next vouchsafe t'afford
(If ever, love! thy Lucrece thou wilt see)
Some present speed to come and visit me.
So I commend me from my house in grief
My woes are tedious, tho' my words are brief.

Here folds she up the tenor of her woe,
Her certain sorrow writ uncertainly.
By this short schedule Colatine may know
Her grief; but not her grief's true quality:
She dares not therefore make discovery;
Lest she should hold it her own gross abuse
Ere she with blood had stain'd her stain'd excuse.

Die Magd ist nun gegangen,
Und sie bereitet sich zu schreiben.
Erst fährt sie hin und her auf dem Papier
Mit ihrer Spule. Die Gedanken, und
Der Kummer streiten mit einander
In heftigem Gefechte; was der Witz hinschreibt,
Das löscht der Wille wieder aus.
Dies ist ihr zu vorzüglich schön,
Und jenes abgeschmackt und schlecht.
Sehr ähnlich dem Gedränge
Des Volks an einer Türe, drängen ihre
Empfindungen einander, welche
Zuvörderst gehen soll.
Zulezt beginnt sie so:

Du würd'ger Herr
Von dem unwürd'gen Weibe, das
Dich grüßt! Gesundheit deiner
Person! – Hiernächst geliebe, –
Wenn jemals, Lieber! deine
Lukrezia du sehn willst, – baldige
Eil anzuwenden, um mich zu besuchen.
Hiemit empfehl ich mich von unserm Hause
Voll Kummers; meine Leiden
Sind groß, sind meine Worte gleich nur kurz.

Nun faltet sie zusammen das
Behältnis ihrer Leiden, ihren
Gewissen Kummer, ungewis geschrieben.
Durch diesen kurzen Zettel
Kann Kollatin ihr Leid, doch nicht die wahre
Beschaffenheit des Leids erfahren.
Die wagt sie darum noch nicht zu entdecken.
Weil sie's zur groben Schmach sich rechnen würde
Bevor mit Blut sie ihre
Befleckt' Entschuldigung beflecket hätte.

Besides the life and feeling of her passion
She hoards to spend, when he is by to hear her,
When sighs and groans and tears may grace the fashion
Of her disgrace, the better so to clear her
From that suspicion, which the world might bear her:
To shun this blot she would not blot the letter
With words, till action might become them better.

To see sad sights moves more than hear them told;
For then the eye interprets to the ear
The heavy motion that it doth behold:
When ev'ry part a part of woe doth bear,
'Tis but a part of sorrow that we hear.
Deep sounds make lesser noise than shallow fords,
And sorrow ebbs being blown with wind of words.

Her letter now is seal'd, and on it writ:
At Ardea to my Lord with more than haste.
The post attends, and she delivers it,
Charging the sour-fac'd groom to hie as fast,
As lagging souls before the northern blast.
Speed more than speed but dull and slow she deems;
Extremity still urgeth such extremes.

Zudem hält sie das Leben nnd
Gefühl von ihrer Leidenschaft zusammen;
Um dann es zu verspenden,
Wenn er da ist, um sie zu hören;
Wenn Seufzer, Aechzen, Tränen,
Dem Aeussern ihrer Schmach Anmut
Verleihen mögen, um sie dadurch desto besser
Von dem Verdacht zu reinigen,
Den doch die Welt sonst auf sie werfen möchte.
Um diesen Flecken zu vermeiden, wolte sie
Den Brief mit Worten nicht beflecken,
Bis Handlung ihnen besser
Zu statten komme.

Traurige
Anblicke anzusehn, rührt mehr
Als sie erzälen hören.
Denn dann erklärt dem Ohr das Auge
Die traurige Bewegung die es sieht.
Wenn jeder Teil nur einen Teil vom Leide trägt:
So ist das nur ein Teil des Kummers,
Den wir durch das Gehör vernehmen.
Der tiefe Strom macht weniger Geräusch,
Als eine seichte Furt; und Kummer ebbet,
Wenn er vom Wind der Worte weggewehet wird.

Ihr Brief ist nun gesiegelt und
Darauf geschrieben:
An meinen Herrn in Ardea mit mehr als Eil.
Der Bote wartet, und sie giebt ihn ihm, und heist
Den sauersicht'gen Knecht so hurtig eilen, wie
Zaudernde Geister vor des Nordsterns Leuchten.
Eil, mehr als Eil, scheint ihr nur träg und langsam.
Die überspannte Leidenschaft dringt immer
Auf solche Ueberspannungen.

The homely villain curtsies to her low,
And blushing on her with a stedfast eye,
Receives the scroll without or yea or no,
And forthwith bashfull innocence doth lie:
But they whose guilt within their bosom lie
Imagine every eye behold their blame;
For Lucrece thought he blush'd to see her shame.

When silly groom, god wot, it was defect
Of spirit, life and bold audacity.
Such harmless creatures have a true respect
To talk in deeds, while others saucily
Promise more speed; but do it leisurely.
Even so this pattern of the worn-out age
Pawn'd honest looks; but lay'd no words to gage.

His kindled duty kindled her mistrust,
That two red fires in both their faces blaz'd.
She thought, he blush'd as knowing Tarquin's lust,
And blushing with him wistly on him gaz'd;
Her earnest eye did make him more amaz'd:
The more she saw the blood his cheeks replenish;
The more she thought, he spy'd in her some blemish.

Der ungeschlifne Bengel bückt
Sich tief vor ihr, mit starrem Blick;
Und nimmt errötend, one
Ja oder Nein die Rolle hin,
Ein wahres Bild der blöden Unschuld: aber die,
In deren Busen Schuld verborgen lieget, glauben,
Ein jedes Aug' erblicke ihren Mackel.
Lukrezia glaubt, er errötete
Ob ihrer Schande;
Und doch, Gott weis es, bei dem
Einfält'gen Knechte war es Mangel
An Geist, an Leben, und
An dreister Kühnheit.

Solche
Arglose Kreaturen haben eine wahre
Ehrfurcht mit ihren Taten
Zu reden; da indessen andere klüglich
Mehr Eile sprechen, aber es langsam
Ausrichten. Eben so verpfändete
Auch dieses Muster von dem abgenuzten Alter
Ehrliche Blicke; aber sezte keine Worte
Zum Unterpfande. –

Seine angefachte Pflicht
Facht ihr Mistrauen an,
So daß zwei rote Feuer
In beider Angesichten flamten.
Sie glaubte er errötete,
Weil er Tarquinens Wollust wuste; und
Mit ihm errötend, sieht sie aufmerksam
Ihm ins Gesicht. Ihr ernstes Auge macht
Ihn noch bestürzter; und je mehr sie seine Wangen
Vom Blut erfüllet sieht, um desto mehr glaubt sie
Er sähe an ihr irgend einen Makel.

But long she thinks till he return again,
And yet the duteous vassal scarce is gone.
The weary time she cannot entertain;
For now 't is stale, to sigh, to weep and groan.
So woe hath wearied woe, moan tired moan,
That she her plaints a little while doth stay,
Pausing for means to mourn some newer way.

At last she calls to mind where hangs a piece
Of skilful painting, made for Priam's Troy,
Before the which is drawn the power of Greece
For Helen's rape the city to destroy
Threat'ning cloud-kissing Ilion with annoy,
Which the conceited painter drew so proud,
As Heaven, it seem'd, to kiss the turrets bow'd.

A thousand lamentable objects there,
In scorn of Nature, art gave lifeless life:
Many a dire drop seem'd a weeping tear.
Shed for the slaughter'd husband by the wife;
The red blood reck'd, to show the painter's strife,
And dying eyes 'gleemed froth their ashy lights,
Like dying coals burnt out in tedious nights.

Doch schon deucht es ihr lange, bis
Er wiederkommt, und der getreue Knecht
Ist kaum hinweg gegangen.
Sie kann die überdrüß'ge Zeit
Nicht unterhalten; denn
Das Seufzen, Weinen, Aechzen ist
Nun abgenuzet. Weh hat Weh
Also ermüdet; Seufzer haben Seufzer
So abgemattet, daß
Sie ihre Klagen eine kleine Weile hemmet,
Und so auf Mittel harret, um
Auf eine neue Weise sich zu härmen.

Zulezt erinnert sie sich eines Stücks
Geschickter Malerei, gemacht für Priams Troja,
Vor das die Macht von Griechenland gestellet ist,
Die Stadt um Helenens Raub willen zu zerstören,
Dem Wolken küssenden
Troja mit Jammer drohend, welches
Der Phantasiebegabte Maler
So stolz gezeichnet hatte, daß es schien,
Als beugte sich der Himmel um die Türme
Zu küssen. – Tausend
Bejammernswürd'gen Gegenständen,
Gab zur Beschämung der Natur,
Die Kunst daselbst ein lebenloses Leben.
Manch ein betrübter Tropfen
Schien eine hingeweinte Träne,
Vergossen von dem Weibe
Um den erschlagnen Mann. – Das rote Blut,
Des Malers Streben zu beweisen, dampfte;
Sterbende Augen flimmerten
Ihr aschig Licht hervor, wie Kolen,
Die ausgebrannt, verleschen in verhaste Nacht.

There might you see the labouring pioneer,
Begrimm'd with sweat and smeared all with dust;
And from the towers of Troy there would appear
The very eyes of men thro' loop-holes thrust,
Gazing upon the Greek with little lust.
Such sweet observance in this work was had,
That one might see those far-of eyes look sad.

In great commanders grace and majesty
You might behold triumphing in their faces;
In youth, quick-bearing and dexterity:
And here and there the painter interlaces
Pale cowards marching on with trembling paces,
Which heartless peasants did so well resemble,
That one would swear he saw them quake and tremble.

In Ajax and Ulisses, O! What art
Of Physiognomy might one behold!
The face of either cypher'd either's heart;
Their face their manners most expressly told:
In Ajax' eyes blunt rage and rigour roll'd
But the mild glance, that she Ulisses lent,
Show'd deep regard and smiling government.

Da konte man erblicken den
Arbeitenden Schanzgräber,
Von Schweis besudelt, und
Mit Staube ganz beschmiert;
Und von den Türmen Trojas
Erschienen selbst der Leute Augen,
Geworfen durch die Ritzen, und
Mit wenig Freuden auf die Griechen blickend.
Solch eine reizende
Genauigkeit herscht' in dem Werke,
Daß man bemerken konte,
Wie diese weitentfernten Augen traurig sahn. –
An grossen Führern konnte
Man Majestät und Anmut
Erblicken, triumphirend
In ihren Angesichtern;
Und Raschheit und Behendigkeit in den
Jünglingen. Hie und dorten hatte
Der Maler blasse Feige untermischt,
Zitternden Schrits fortgehend.
Sie glichen so volkommen
Herzlosen Bauern, daß man schwören möchte,
Man säh sie schlottern und erzittern.

Im Ajax und Ulisses –
O! Welche Kunst von Physiognomie
War da zu sehen! – Eines jeden
Gesicht entziefert' eines jeden Herz.
Ihr Angesicht erzälte
Mit dem vollkomsten Ausdruk ihre Sitten.
In Ajax's Augen rollte stumpfe Wut
Und Tapferkeit; allein
Das sanfte Feuer das sie dem
Uliss geliehen, zeigte tiefen Blick
Und lächelnde Beherrschung.

There pleading might you see grave Nestor stand,
As 't were encouraging the Greeks to fight,
Making such sober actions with his hand,
That it beguil'd attention, charmed the sight:
In speech, it seem'd, his beard all silver white
Wag'd up and down, and from his lips did fly
Thin winding breath, which purl'd up to the sky.

About him were a press of gaping faces,
Which seem'd to swallow up his sound advice,
All jointly listing but with several graces,
As if some mermaid did their eyes intice,
Some high, some low; the painter was so nice,
The scalps of many, allmost hid behind,
To jump up higher seem'd to mock the mind.

Here one man's hand, lean'd on another's head,
His nose being shadow'd by his neighbour's ear;
Here one being throng'd bears back all swolln and red;
Another smother'd seemes to pelt and swear,
And in their face such signs of rage they bear,
As, but for loss of Nestor's golden words,
If seemes, they would debate with angry swords.

Dort sah man redend den
Ehrwürd'gen Nestor stehen,
Die Griechen, wie es schien, ermahnend zum Gefecht.
Er machte so anständige
Bewegungen mit seiner Hand, daß die
Aufmerksamkeit dadurch belistet,
Und das Gesicht bezaubert ward.
Es schien, als wenn sein Bart, ganz silberweis,
Im Reden auf und nieder sich bewegte, und
Von seinen Lippen flog,
Sich schlängelnd, dünner Athem, welcher
Auf in die Lüfte säuselte.
Um ihn herum war ein Gedränge
Von gaffenden Gesichtern, welche seine klugen
Rathschläge zu verschlingen schienen; alle
Dicht an ein ander angedränget lauschend, aber
Mit unterschiedlichen Geberden,
Als lokte ihre Ohren irgend eine
Sirene. Einige hoch, andre niedrig.
Der Maler war so fein: die Köpfe vieler
Die hinten fast verborgen waren, schienen
Um den Verstand zu necken, höher aufzulüpfen.
Hier eines Mannes Hand,
Gelehnt auf eines andern Haupt;
Und seine Nase überschattet
Von seines Nachbarn Ohr.
Hier einer der gedrängt ist, wendet sich
Zurück, ganz aufgeschwolln, und rot;
Ein andrer, fast ersticket, scheint
Zu poltern und zu schwören, und
Sie lassen solche Zeichen
Von Grim in ihren Angesichtern blicken,
Daß wär es nicht um Nestors goldne Worte
Nicht zu verlieren: würden sie
Mit grimmen Schwerdtern es ausmachen.

For much imaginary work was there;
Conceit deceitful so compact, so kind,
That for Achilles' image stood his spear,
Grip'd in an armed hand; himself behind
Was left unseen, save in the eye of mind.
A hand, a foot, a face, a leg, a head
Stood for the whole to be imagined.

And from the walls of strong besieged Troy,
When their brave hope bold Hector march'd to field,
Stood many Troyan mothers, sharing joy
To see their youthful sons bright weapons wield;
And to their hope they such odd action yield.
That thro' their light joy seemed to appear
(Like bright things stain'd) a kind of heavy fear.

And from the strand of Dardan, where they fought,
To Simois' reedy banks the red blood ran,
Whose waves to imitate the battle sought
With swelling ridges; and their ranks began
To break upon the galled shore, and then
Retire again, till meeting greater ranks,
They join and shut their fume at Simois' banks.

Denn da war viel einbildungsreiche Arbeit;
Und täuschungsvolle Phantasie
War so zusamgedränget reichlich,
Das für Achillens Bild sein Speer dastand,
Gefast von einer wolgerüsten Hand.
Er selber war dahinten
Gelassen, ungesehn, als nur im Auge des
Gemütes. Eine Hand, ein Fus, ein Bein,
Ein Kopf und ein Gesicht, die standen da,
Um sich darnach das Ganze einzubilden.

Und auf den Wällen
Des hartumgebnen Troja standen,
Da ihre biedre Hofnung,
Der kühne Hektor auszog in das Feld;
Trojan'scher Mütter viele mit einander
Sich freuend, ihre jugendvollen Söne
Die blanken Waffen schwingen
Zu sehen; und mit ihrer Hofnung
Verbinden sie so sonderbare
Geberden, daß durch ihre leichte Freude,
Wie etwas glänzendes beflecket, eine Art
Von schwerer Furcht hervor zu blicken scheint.

Und vom Dardan'schen Strande wo sie fochten,
Bis an das schilfbewachsne Ufer des
Simois flos das rothe Blut, und suchte
Die Schlacht in seinen Wellen,
Mit hochgeschwollnen Hügeln nachzuamen.
Auf dem unebnen Ufer brachen
Sich ihre Reihen; wichen dann, bis sie,
Begegnend grössern Linien
Sich so vereinen, und nun ihren Schaum
An des Sinois Ufern schlossen.

To this well painted piece is Lucrece come
To find a face where all distress is stell'd.
Many she sees, where cares have carved some;
But none, where all distress and dolour dwell'd,
Till she despairing Hecuba beheld,
Staring on Priam's wounds with her old eyes,
Who bleeding under Pyrrhus' proud foot lies.

In her the painter had anatomiz'd
Time's ruin, beauty's wrack and grim cares reign;
Her cheeks with chops and wrinkles were disguis'd.
Of what she was no semblance did remain;
Her blue blood, chang'd to black in ev'ry vein,
Wanting the spring that those shrunk pipes had fed,
Shew'd life imprison'd in a body dead.

On this sad shadow Lucrece spends her eyes,
And shapes her sorrow to the beldame's woes;
Who nothing wants to answer her but cries
And bitter words to ban her cruel foes.
The painter was no God to lend her those,
And therefore Lucrece swears he did her wrong,
To give her so much grief and not a tongue.

Zu diesem wolgemahlten Stücke ist
Lukrezia gekommen, ein
Gesicht zu finden, darin aller Kummer
Zusamgefaßt ist. Sie sieht manche
Worin sich Sorgen eingegraben,
Doch keins wo aller Schmerz und Jammer wohnten,
Bis das sie die verzweiflungsvolle Hekuba
Erblickt, mit ihren alten Augen
Auf Priams Wunde gaffend,
Der blutend unterm stolzen Fus des Pyrrhus liegt.

Der Maler hatt' in ihr zergliedert
Der Zeit Ruin, der Schönheit Trümmer,
Und grimmer Sorgen Herrschaft.
Mit Narben und mit Runzeln waren ihre Wangen
Entstellt; und keine Aenlichkeit war da
Von dem, was sie zuvor gewesen.
Ihr blaues Blut in jeder Ader
Verwandelte in schwarzes sich,
Weil ihm die Quelle fehlte,
Die diese eingeschrumpften Rören nährte,
Und zeigte Leben, eingekerkert
In einen todten Leib.

Auf diesen
Betrübten Schatten spendet ihre Augen
Lukrezia, und staltet ihren Kummer nach
Der alten Dame Leiden, welcher
Nichts fehlt, ihr zu antworten,
Als Klaggeschrei und bittre Worte, ihre
Grausamen Feinde zu verfluchen.
Der Maler war kein Gott, ihr diese zu verleihen.
Und darum schwört Lukrezia er that
Ihr Unrecht, so viel Kummer ihr
Zu geben, und doch keine Zunge.

Poor instrument, quoth she, without a sound!
I 'll tune thy woes with a lamenting tongue,
And drop sweet balm in Priam's painted wound,
And rail on Pyrrhus, that hath done him wrong.
And with my tears quench Troy, that burns so long,
And with my knife scratch out the eyes
Of all the Greeks, that are thine enemies.

Show me this strumpet, that began this stir,
That with my nails her beauty I may tear.
Thy heat of lust, fond Paris! did incur
This load of wrath, that burning Troy did bear;
Thy eye kindled the fire, that burneth here:
And here in Troy, for trespas of thine eye,
The sire, the son, the dame, and daughter die.

Why should the private pleasure of some one
Become the publick plague of many moe?
Let sin alone committed light alone
Upon his head, that hath transgressed so.
Let guiltless souls be free'd from guilty woe.
For one's offence why should so many fall?
To plague a private sin in general?

Du armes Instrument, sagt sie,
Ohn' einen Ton! – Ich will mit einer
Klagenden Zunge deine Leiden stimmen,
Und sanften Balsam tröpfeln in
Priams gemahlte Wunde;
Und auf den Pyrrhus schmälen; der
Ihm Leids getan. – Ich will
Mit meinen Tränen Troja löschen,
Das schon so lange brennt; und will mit meinem Messer
Die grimmen Augen all der Griechen,
Die deine Feinde sind auskratzen.
Zeig mir nur jenes Mensch, das diesen Streit begonnen,
Damit ich ihre Schönheit
Zerreissen kann mit meinen Nägeln. – –
Die Hitze deiner Wollust
Verliebter Paris! lud sich diese Last
Von Grimme auf, die dann
Das angezündte Troja trug;
Dein Auge zündete das Feuer, das
Hier brennet an; und hier
In Troja stirbt für deines Auges Sünde
Sohn, Vater, Weib und Tochter. – Warum mus
Doch das besondere Vergnügen
Von einem einzigen die Plage von
So vielen werden? Last doch Sünde, die
Allein begangen ist, allein
Auf dessen Haupt, der so gesündigt, fallen.
Last doch schuldlose Selen
Befreiet seyn von schuld'gen Leiden.
Was soll'n so viele fallen
Um eines einzigen Beleidigung?
Im allgemeinen eine
Besondre Sünde zu bestrafen!

Lo! Here weeps Hecuba. Here Priam dies.
Here manly Hector faints; here Troilus sounds.
Here friend by friend in bloody channel lies;
And friend to friend gives unadvised wounds;
And one man's lust these many lives confounds.
Had doting Priam check'd his son's desire,
Troy had been bright with fame and not with fire.

Here feelingly she weeps Troy's painted woes:
For sorrow, like a heavy hanging bell,
Once set a ringing with his own weight goes.
Then little strength rings out the doleful knell:
So Lucrece set a work sad tales doth tell
To pencil'd pensiveness and colour'd sorrow;
She lends them words, and she their looks doth borrow.

She threws her eyes about the painted round,
And whom she finds forlorn she doth lament.
At last she sees a wretched image bound,
That piteous looks to Phrygian sheperds lent;
His face tho' full of cares, yet shew'd content,
Onward to Troy with these blunt swains he goes,
So mild, that patience seem'd to scorn his woes.

Sieh! Hier weint Hekuba; und hier stirbt Priamus;
Hier sinkt erschöpfet der mannhafte Hektor hin;
Dort stürzet Troilus; und hier
Liegt Freund bei Freund in blutigen Kanälen.
Freund giebt dem Freunde ungezielte Wunden;
Und eines Mannes Wollust
Zerstört so viele Leben. Hätte seines
Sohns Leidenschaft der zärtelnde Priam
Gehemmt: so hätte Troja
Von Ruhm geglänzt und nicht von Feuer.

Hier weinte sie gefühlvoll über die
Gemahlten Leiden Trojas;
Denn Gram gleich einer schwer
Hangenden Glocke, einmal angeleutet, geht
Durch eigenes Gewicht. Dann läutet kleine Stärke
Das schmerzliche Geläute aus. –
So auch Lukrezia, einmal
In Tätigkeit gesezt, erzälet traurige
Erzälungen gemalter Schwermuth, und
Getünchten Kummer. Sie
Leih't ihnen Worte, und
Dagegen borgt sie ihre Blicke.

Sie wirft ihr Aug auf dem bemahlten Rund
Umher; und jeden Leidenden,
Den sie erblickt, beklaget sie.

Zulezt sieht sie ein jämmerliches Bild,
Gebunden, mitleitfleh'nde Blicke
Auf Phryg'sche Schäfer werfend,
Sein Angesicht, obgleich voll Sorgen, zeigte doch
Zufriedenheit. Er gieng auf Troja
Mit diesen rohen Hirten so
Sanftmütig zu, daß die Gedult
Nur seine Leiden zu verachten schien.

In him the painter labour'd, with his skill
To hide deceit and give the harmless show,
An humble gate, calm looks, eyes vailing still,
A brow unbent, that seem'd to wellcome woe,
Cheeks neither red nor pale; but mingled so
That blushing red no guilty instance gave,
Nor ashie pale the fear, that false hearts have.

But like a constant and confirmed devil
He entertain'd a show so seeming just,
And therein so insconce'd this secret evil,
That jealousy itself could not mistrust
False-creeping craft and perjury should thrust.
Into so bright a day such black-fac'd storms,
Or blot with hell-born sin such saint-like forms.

The well skill'd woman this wild image drew
For perjur'd Sinon, whose inchanting story
The credulous old Priam after slew;
Whose words like wild-fire burnt the shining glory
Of rich built Ilion, that the skies were sorry,
And little stars shot from their fixed places
When their glass fell, wherein they view'd their faces.

In ihm arbeitete der Maler
Mit seiner Kunst, Trug zu verbergen,
Und ein argloses Ansehn ihm zu geben,
Demüt'gen Gang, ruhvolle Blicke, stets
Gesenkte Augen, eine ruh'ge
Stirn, welche schien den Gram zu
Bewilkomnen, und Wangen, weder rot, noch blas;
Vielmehr also vermischt, das weder das
Errötende Rot Zeichen
Von Schuld verriet, noch das
Aschfarbne Bleich die Furcht,
Die falsche Herzen haben. Sondern einem
Standhaften und verstärkten Teufel gleich,
Hegt er ein Ansehn, scheinend so gerecht,
Und darin dies geheime Uebel
Also verschanzet, daß der Argwohn selber nicht
Argwönen konnte, kriechende
Arglist und Meineid würden auf
So einen hellen Tag so schwarze Stürme
Ergiessen, oder solche Heilgengleiche Bildung
Mit höllgeborner Sünd beflecken.

Dies Bild nahm das wolkund'ge Weib
Für den meineid'gen Sinon, dessen
Bezaubernde Geschichte den
Leichtgläub'gen alten Priamus
Hernach erschlug; des Worte, einem
Lauffeuer gleich, des reichgebauten Iliums
Glanzvolle Pracht verbranten,
Daß sich die Lüfte darob härmten,
Und kleine Sterne ihrem
Bestimten Plaz entwichen,
Als dieser Spiegel fiel,
Worin sie ihre Angesichter sahen.

This picture she advisedly perus'd,
And chid the painter for his wondrous skill,
Saying some shape in Sinon's was abus'd;
So fair a form lodg'd not a mind so ill.
And still on him she gaz'd, and gazing still
Such signs of truth in his plain face she spied,
That she concludes, the picture was belied.

It cannot be, quoth she, that so much guile,
She would have said: can lurk in such a look;
But Tarquin's shape came in her mind the while
And from her tongue can lurk from cannot took.
It cannot be she in that sense forsook
And turn'd in thus: It cannot be, I find,
But such a face should bear a wicked mind.

For e'en as subtle Sinon here is painted,
So sober sad, so weary and so mild,
As if with grief and travel he had fainted,
To me came Tarquin, armed so beguil'd
With outward honesty; but yet defil'd
With inward vice. As Priam him did cherish:
So did I Tarquin; so my Troy did perish.

Sie ging aufmerksam dies
Gemälde durch, und schalt den Maler
Für seine wundersame Kunst,
Und sagt' er hätte irgend eine
Gestalt in Sinons seiner
Beleidiget; so eine schöne Bildung
Beherbergte nicht ein so arg Gemüt.
Beständig gaffet sie auf ihn;
Und gaffend stets gewahret sie
In seinem ofnen Angesicht
Beständig solche Spur von Warheit, daß
Sie schliesset, das Gemälde sei belogen.

Es kann nicht seyn, sagt sie,
Daß so viel Niederträchtigkeit –
Sie wolte sagen,
In solchem Blicke lauschen könnten: aber
Tarquins Gestalt fiel unterdes ihr ein
Und nahm auf ihrer Zunge
Das lauschen könnten von dem: kan nicht seyn.
Es kann nicht seyn lies sie in diesem Sinne fahren;
Und änderte es so: –

Es kann nicht anders seyn, find ich,
Solch ein Gesicht mus eine niederträchtige
Gesinnung führen: Denn
Gerade so wie hier der list'ge Sinon
Gemahlt ist, so still traurig,
So müd und sanft, als wenn von Kummer, oder von
Mühseligkeiten er entkräftet wäre:
So kam Tarquin zu mir, so listig
Mit äuss'rer Ehrlichkeit bewafnet; aber
Beflekt mit innerm Laster. So
Wie Priam ihn verpflegte: so tat ich Tarquinen;
Und so ging auch mein Troja unter.

Look, look, how list'ning Priam whets his eyes
To see those borrow'd tears, that Sinon sheds!
Priam! why art thou old and yet not wise?
For ev'ry tear he falls, a Trojan bleeds:
His eyes drop fire, no water thence proceeds.
Those round clear pearls of his, that move thy pity,
Are balls of quenchless fire to burn thy city.

Such devils steal effects from lightless hell;
For Sinon in his fire doth quake with cold,
And in that cold hot-burning fire doth dwell.
These contraries such unity do hold
Only, to flatter fools and make them bold:
So Priam's trust false Sinon's tears do flatter,
That he finds means to burn his Troy with water.

Here all inrag'd such passion her assails,
That patience quite is beaten from her breast.
She tears the senseless Sinon with her nails,
Comparing him to that unhappy guest,
Whose deed hath made herself herself detest.
At last she smilingly with this gives o'er:
Fool! Fool! quoth she, his wounds will not be sore.

Sieh! Sieh! Wie Priamus
So lauschend seine Blicke schärft, um jene
Geborgten Tränen, welche Sinon
Vergießt, zu sehen! –
O Priam, warum bist du alt, und noch nicht weise? –
Für jede Träne, die er fallen läst,
Muß ein Trojaner bluten.
Von Feuer triefen seine Augen;
Kein Wasser träuft aus ihnen.
Die runden, hellen Perlen,
Womit er dein Mitleid erregt, sind Kugeln
Von unauslöschbarm Feur um deine
Stadt zu verbrennen. Solche Teufel stehlen
Werkzeug' aus der lichtlosen Hölle.
Denn Sinon schaudert selbst in seinem Feur
Vor Kälte; und in dieser Kälte wohnt
Heisbrennend Feuer. Diese Gegenteile
Vereinen darum blos in solche Eintracht sich,
Um Narr'n zu schmeicheln und sie kühn zu machen.
So schmeicheln dem Vertrau'n des Priamus
Des falschen Sinons Tränen,
Damit er Mittel finde, um sein Troja
Mit Wasser zu verbrennen.

Hier überfällt sie, ganz
Ergrimmet solche Leidenschaft,
Daß die Gedult schier weggeschlagen wird
Aus ihrer Brust. Mit ihren Nägeln
Zerreißt sie den empfindungslosen Sinon,
Indem sie ihn mit dem heillosen Gast vergleicht,
Des Tat sie selbst sich selbst verabscheu'n machte.
Doch endlich hört sie lächelnd hiemit auf;
O! Närrin! Närrin! sagt sie, nimmer werden
Ihn seine Wunden schmerzen.

Thus ebbs and flows the current of her sorrow,
And time doth weary time with her complaining.
She looks, for night and then she longs for morrow,
And both she thinks too long with her remaining:
Short time seems long in sorrow's sharp sustaining.
Tho' woe be heavy, yet in seldom sleeps,
And they that watch see time how slow it creeps.

With all this time hath over-slipt her thoughts,
That she with painted images hath spent,
Being from the feeling of her own grief brought
By deep surmise of others detriment,
Loosing her woes in shews of discontent.
It easeth some, tho' none it ever cur'd,
To think their dolour others have endur'd.

But now the mindful messenger comes back
Brings home his Lord and other company;
Who finds his Lucrece clad in mourning black,
And round about her tear-distained eye
Blew circles stream'd, like rain bows in the sky,
These watergalls in her dim element
Fore tell new storms to those allready spent,

So sinkt und schwillet an
Der Strudel ihres Jammers;
Und Zeit ermüdet Zeit mit ihrem Klagen.
Sie sehnt sich nach der Nacht,
Und dann verlangt sie wieder nach dem Morgen.
Und beide scheinen ihr
Zu lange bei ihr zu verweilen. Kurze Zeit
Scheint in des Kummers scharfen Leiden lang.
Wenn gleich die Schwermut trübe ist:
So schläft sie dennoch selten;
Und die so wachen, sehen
Die Zeit, wie langsam sie dahin kriecht.

Bei alle dem hat doch die Zeit nun ihre
Gedanken überschlüpfet, welche
Sie auf gemahlte Bilder angewendet hat.
Hinweggebracht von ihren eigenen Gefülen,
Durch tiefes Mitgefühl der Schmerzen andrer.
Verlierend ihre Leiden in
Darstellungen des Misvergnügens.

Es leichtert einige, obgleich
Es niemand noch geheilet,
Zu denken andre haben unsern Schmerz erduldet.

Doch nun kommt der achtsame Bote
Zurück und bringet seinen Herrn
Mit anderer Geselschaft heim, der seine
Lukrezia in schwarze Traur gekleidet findt;
Und ihre tränbefleckten Augen
Umflossen blaue Zirkel rund umher,
Wie Regenbögen in der Luft.
Und diese Wasserschwülste
In ihrem trüben Element
Verkünden neue Stürme
Zu denen, welche schon verbrauset sind,

Which when her sad beholding husband saw,
Amazedly in her sad face he stares:
Her eyes, tho' sod in tears, look red and raw,
Her lively colour kill'd with deadly cares.
He hath no power to ask her how she fares;
But stood, like old acquaintance in a trance
Met far from home, wondring each others chance.

At last he takes her by the blood-less hand
And thus begins: What uncouth ill event
Hath thee befalln, that thou dost trembling stand?
Sweat love! What spite hath thy fair colour spent?
Why art thou thus attired in discontent?
Unmask dear dear this moody heavyness
And tell thy grief, that we may give redress.

Three times with sighs she gives her sorrow fire
Ere once she can discharge one word of woe.
At length, address'd to answer his desire,
She modestly prepares to let them know:
Her honour is ta 'en pris'ner by the foe;
While Colatine and his consorted Lords
With sad attention long to hear her words.

Da dies ihr traurig blickender Gemahl
Ersah, schaut er bestürzt ihr ins Gesicht.
Und ihre Augen sahn, obgleich in Tränen
Gesotten, dennoch rot und roh.
Getödtet war mit tödlichen
Bekümmernissen ihre
Lebhafte Farbe. –

Er hat
Nicht Kraft genug um sie zu fragen,
Wie es ihr gehe; sondern steht, wie alte
Bekante die einander fern von Hause treffen,
Ganz ausser sich von Wunder
Ob ihren beiderseitigen Begegnissen. –
Zulezt ergreift er sie bey der
Blutlosen Hand, und fängt so an:
Welch schreklicher Unfall hat dich befallen,
Das du so zitternd dastehst, süsse Liebe?
Welch Harm hat deine schöne Farbe aufgerieben?
Warum bist du also in Traurigkeit
Gekleidet? – Meine traurige Geliebte,
Entmaske dich von dieser melancholischen
Schwermut. Erzäle deinen Kummer
Daß wir dir Lindrung schaffen mögen.

Dreimal giebt ihrer Schwermut sie
Mit Seufzern Feuer, ehe sie nur einmal
Ein Wort des Leid abbrennen kann.
Zulezt macht sie sich fertig seinem
Verlangen zu antworten. Züchtig
Bereitet sie sich, ihnen kund zu tun:
Daß ihre Ehre von dem Feind gefangen
Genommen ist; indessen Kollatinus und
Die Ritter, welche ihn begleitet,
Mit trauriger Aufmerksamkeit
Verlangen, ihre Worte zu vernehmen.

And now this pale swan in her watry nest
Begins the sad dirge of her certain ending:
Few words, quoth she, shall fit the trespass best,
Where no excuse can give the fault amending.
In me more woes than words are now depending,
And my laments would be drawn out too long,
To tell them all with one poor tired tongue.

Then be this all the task it hath to say:
Dear husband! In the intrest of thy bed
A stranger came and on that pillow lay,
Where thou wast wont to rest thy weary head;
And what wrong else to be imagined
By foul inforcement might be done to me:
From that, alass! thy Lucrece is not free.

For in the dreadful death of dark midnight
With shining fauchion in my chamber came
A creeping creature with a flaming light,
And softly cry'd: Awake, thou Roman dame!
And entertain my love; else lasting shame
On thee and thine this night I will inflict,
If thou my love's desire do contradict.

Und nun begann in seinem wäsrigen
Nest dieser blasse Schwan
Das traurige Klaglied von ihrem
Gewissen Ende:

Wenig Worte, sprach sie, werden
Zu meiner Schuld am besten passen,
Da kein' Entschuldigung den Fehl verbessern kann.
Mir stehen jezt mehr Leiden
Als Worte zu Befehl; und meine Klagen würden
Zu lang seyn, um sie alle
Mit einer armen, matten Zunge zu erzälen.
So sei denn dies das ganze
Geschäfte, das sie vorzubringen hat:

Mein teuerster Gemal!
In deines Bettes Eigentum kam ein
Fremdling, und legte auf
Das Küssen sich, auf welchem du
Dein müdes Haupt zu ruhen pflegtest.
Und was für Uebel sonst zu denken ist,
Das mir durch argen Zwang getan sein kann,
Von dem ist, leider! deine
Lukrezia nicht frei.

Denn in dem schreckenvollen Tode
Der finstern Mitternacht
Kam mit dem blanken Schwerdt in meine Kammer
Ein kriechendes Geschöpf mit einem flammenden
Licht; und rief leise: wache auf du römische
Frau, und gieb meiner Liebe Raum.
Sonst will ich diese Nacht auf dich
Und auf die deinen ewge Schande bringen,
Sobald du meiner Liebe
Verlangen wiedersprichst.

For some hard-favour'd groom of thine, quoth he,
[Unless than yoke thy liking to my will,]
I 'll murder straight; and then I 'll slaughter thee,
And swear I found you were you did fulfill
The loathsome act of lust and so did kill,
The letchers in their deed. This act will be
My fame and thy perpetual infamy.

With this I did begin to start and cry;
And then against my heart he sets his sword
Swearing, unless I took all patiently,
I should not live to speak another word:
So should my shame still rest upon record;
And never be forgot in mighty Rome
Th' adult'rate death of Lucrece and her groom.

Mine enemy was strong my poor self weak,
And far the weaker with so strong a fear.
My bloody judge forbade my tongue to speak.
No rightful plea might plead for justice there!
His scarlet lust came evidence to swear
That my poor beauty had purloin'd his eyes.
And when the judge is robb'd the pris'ner dies.

Denn irgend einen häslich
Gebildten Sklaven will ich straks
Ermorden, wenn du dein Gefallen
Nicht meinem Willen unterjochst.
Darnach will ich auch dich erwürgen,
Und schwören, ich hätt' euch gefunden
Der Wollust ekelhafte Handlung
Volbringend, und so die Verbulten
In ihrer That getödtet. Diese Handlung wird
Mein Ruhm und deine ew'ge Schande seyn.

Da fing ich an
Mich loszuringen und zu schreien;
Allein da sezt er seinen Degen gegen
Mein Herz, und schwur, wenn ich nicht alles
Geduldig leiden würde:
So sollte ich nicht so lange leben,
Um noch ein andres Wort zu sprechen.
Dann solte meine Schande stets
In den Jahrbüchern aufbehalten bleiben,
Und nie im mächtigen Rom vergessen werden,
Der ehebrecherische Tod
Lukreziens und ihres Sklaven.

Mein Feind war stark,
Mein armes Selbst war schwach;
Und noch viel schwächer bei so starker Furcht.
Mein blut'ger Richter untersagte meiner Zunge
Zu reden. Keine rechtliche
Fürsprache mochte da Gerechtigkeit
Bewirken. Seine scharlachfarbne Wollust kam
Als Zeuge, um zu schwören,
Daß meine arme Schönheit seine Augen
Gestolen hätte; und sobald
Der Richter selbst bestolen ist:
Muß der Gefangne sterben. – –

Oh! Teach me how to make mine own excuse,
Or at the least this refuge let me find:
Tho' my gross blood be stain'd with this abuse,
Immaculate and spotless is my mind;
That was not forc'd, that never was inclin'd
To accessary yieldings; but still pure
Doth in her poison'd closet yet endure,

Lo! Here the hopeless merchant of this loss
With head inclin'd, and voice damp'd up with woe,
With sad set eyes and wretched arms across
From lips new waxen pale begins to blow
The grief away, that stops his answer so.
But wretched as he is, he strives in vain.
What he breathes out, his breath drinks up again.

As thro' an arch the violent roaring tide
Outruns the eye that doth behold his haste;
Yet in the eddy boundeth in his pride
Back to the strait that forc'd him on so fast,
In rage sent out, recall'd in rage being past:
Even so his sighs. His sorrows make a saw,
To push grief on and back the same grief draw.

O! Lehr' mich, wie ich meine eigene
Entschuldigung erfinde. Oder
Las wenigstens mich diese Zuflucht finden:
Obgleich mein grobes Blut beflecket ist
Mit Mishandlung: so ist doch mein
Gemüt noch makellos und unbeflecket, das
Ward nie gezwungen, das war nie geneiget zu
Misschuldiger Ergebung; sondern
Erduldet immer rein,
Noch sein vergiftetes Gemach.

Sieh! Hier beginnt
Der hofnungslose Kaufman, welcher diesen
Verlust erlitten, – mit gesenktem Haupt,
Mit einer Stimme, die vom Kummer
Versperrt ist, seine Augen traurig starrend,
Gefalten die elenden Arme –
Von Lippen, bleich, wie frisches Wachs,
Den Kummer wegzublasen, welcher
So seine Antwort hemmet. Aber
Der Unglückliche strebt vergebens.
Was er weghaucht, das trinkt
Sein Athem wieder auf. – Wie durch
Ein Brückgewölbe, heftigbrausend,
Die Flut dem schnellen Blick des Auges
Das ihr nachsieht, entläuft; und in
Dem Strudel doch in ihrem Stolz
Zurückprall't zu der Enge, die sie zwang
Zu solcher Eil; – in Wut hinweggeschickt,
In Wut zurück gerufen. – So auch seine Seufzer.
Sein Kummer bildet eine Säge, um
Die Traurigkeit hinwegzustossen, und
Dieselbe Traurigkeit
Auch wiederum zurückzuziehn.

Which speechless woe of his poor she attendeth
And his untimely frenzy thus awaketh:
Dear Lord! Thy sorrow to my sorrow lendeth
Another power; no flood my raining slacketh.
My woe, too sensible, thy passion maketh
More feeling painful. Let it then suffice,
To drown one woe, one pair of weeping eyes.

And for my sake, when I might charm thee so,
For her that was thy Lucrece: now attend me!
Be suddenly revenged on my foe.
Thine, mine, his own. Suppose thou dost defend me
From what is past: the help that thou shalt lend me
Comes all too late. Yet let the traitor die.
For sparing justice feeds iniquity.

But ere I name him, you fair Lords! quoth she,
Speaking to those that came with Colatine,
Shall plight your honourable faiths to me,
With swift pursuit to venge this wrong of mine,
For 't is a meritorious fair design,
To chase injustice with revengeful arms;
Knights by their oaths should right poor Ladies' harms.

Dies sein sprachloses Leid
Bemerkt die arme Frau, und wecket seine
Unzeitige Sinlosigkeit also:

Dein Kummer, lieber
Gemal! verleihet meinem Kummer neue Kraft.
Denn keine Flut schwächt meinen Regen.
Mein zu empfindlich Leid macht deine Leidenschaft
Nur noch empfindlicher schmerzvoll.
Las es also genug seyn,
Um ein Leid zu ertränken,
Daß ein Paar Augen weinen. –
Um meinetwillen, als ich
Noch fähig war dich so zu reizen;
Um ihrentwillen, welche deine
Lukrezie war; – hör mir jezt zu. –
Räch sträcklings dich an meinem Feinde.
An deinem, meinem, seinem eigenen. –
Wenn du mich auch verteidigest von dem,
Was schon geschehen ist: so kommt die Hülfe, die
Du mir verleihen wirst nur gar zu spät. –
Und doch las den Verräter sterben.
Denn schonende Gerechtigkeit nährt Bosheit.

Allein eh ich ihn nenn' ihr edlen Ritter!
Sagt sie, und spricht zu denen, welche
Mit Kollatin gekommen waren, werdet
Ihr eure ehrenvolle Treue mir
Verpfänden, daß mit schneller
Verfolgung diese meine
Beleidigung ihr rächen wollt. Denn es
Ist ein verdienstlicher und edler Vorsaz,
Die Ungerechtigkeit zu jagen
Mit rachevollen Waffen.
Vermöge ihres Eides sollten Ritter
Beleidigungen armer Damen rechten.

At this request with noble disposition
Each present Lord began to promise aid,
As bound in knighthood to her imposition,
Longing to hear the hateful foe bewray'd;
But she that yet her sad task hath not said,
The protestation stops. Oh! Speak: quoth she.
How may this forced stain be wiped from me?

What is the quality of my offence?
Being constrain'd with dreadful circumstance,
May my pure mind with the foul act dispense,
My low declined honour to advance?
May any terms acquit me from this chance?
The poison'd fountain clears itself again,
And why not I from this compelled stain.

With this they all at once began to say;
Her body's stain the mind untainted clears;
While with a joyless smile she turns away
The face, that map which deep impression bears
Of hard misfortune, carved in with tears.
No, no, quoth she; no dame hereafter living
By my excuse shall claim excuses giving.

Auf diese Foderung began mit edler
Geneigtheit jeder gegenwärt'ge Ritter
Schuz zu versprechen, als durch Ritterschaft
Zu Pflichten ihr verbunden;
Verlangend, den verhasten Feind verraten
Zu hören.

Aber sie, die noch nicht ihre
Betrübte Red' geendet hat,
Tut Einhalt der Verheissung.

O! Sprecht: sagt sie, wie mag doch dieser
Erzwungne Fleck von mir gewaschen werden?
Wie ists mit meiner Uebertretung?
Da ich bedränget war von fürchterlichen
Umständen, kann mein rein
Gemüt die schnöde Tat vergeben,
Um meine tief gebeugte Ehre zu
Erheben? Können irgend einige
Bedingungen von diesem Unfal mich
Lossprechen? Die vergift'te Quelle reiniget
Sich selbsten wieder: warum denn nicht ich von diesem
Erzwungnen Flecken?

Hiemit begannen all' auf einmal
Zu sagen, ihres Leibes Flecken reinige
Die unbefleckte Sele;
Indessen sie mit einem freudelosen Lächeln
Wegwendet das Gesicht, die Karte, welche tiefe
Eindrücke trägt von harten Unglücksfällen,
Mit Tränen eingegraben.
Nein, nein, sagt sie durch mein' Entschuldigung
Soll keine Dame nach mir auf
Entschuldigt werden, Anspruch machen.

Here with a sigh, as if her heart would break,
She throws forth Tarquin's name. He, he, she says,
But more than he her poor tongue could not speak,
Till after many accents and delays,
Untimely breathings, sick and short assays
She utters this: He, he, fair Lord! 'T is he,
That guides this hand to give this wound to me.

Even here she sheathed in her harmless breast
A harmful knife, that thence her soul unsheathed.
That blow did bail it from the deep unrest
Of that polluted prison, where it breathed
Her contrite sighs unto the clouds bequeathed
Her winged sprite; and thro' her wound doth fly
Life's lasting date from cancel'd destiny.

Stone-still, astonish'd with this deadly deed
Stood Colatine and all his lordly crew:
Till Lucrece's father, that beholds her blood,
Himself on her self-slaughter'd body threw,
And from the purple fountain Brutus drew
The murd'rous knife: and as it left the place,
Her blood in pure revenge held it in chase.

Hier wirft mit einem Seufzer,
Als ob ihr Herze brechen wolte,
Tarquinens Namen sie hervor.
Er, er, sagt sie; doch mehr als er
Kont' ihre arme Zung nicht sprechen,
Bis sie nach manchen Pausen, einzeln Tönen,
Unzeit'gen Athemholen, schwachen, kurzen
Versuchen dies ausstöst: Er, er, mein edler Herr!
Er ist es, welcher diese
Hand leitet, diese Wunde mir zu geben.

Hier scheidet sie ein harmvoll Messer ein
In die harmlose Brust, das ihre Sele
Von da ausscheidet. Dieser Stos
Bürgt sie los aus der tiefen Unruh jenes
Befleckten Kerkers, wo sie athmete.
Und die zerknirschten Seufzer
Vermachten den beschwingten Geist
Den Wolken. So entfloh durch ihre Wunde
Des Lebens daurend Datum von
Dem ausgelöschten Schicksal.

Steinstill, erstaunt ob dieser
Tödlichen Tat stand Kollatin
Und seine ganze ritterliche
Geselschaft, bis der Vater
Lukreziens, ihr Blut erblickend, sich
Auf ihren selbsterwürgten Leichnam warf;
Und Brutus aus der Purpurquelle
Das mörderische Messer zog.
Und so wie es den Ort verlies,
Jagt' ihm aus reiner Rache
Ihr Blut, verfolgend nach.

And bubling from her breast it doth divide
In two slow rivers, that the crimson blood
Circles her body in on every side,
Who, like a late sack'd island wastely stood,
Bare and unpeopled in this fearful flood.
Some of her blood still pure and red remain'd,
And some look'd black; and that false Tarquin stain'd.

About the mourning and congealed face
Of that black blood a watry rigol goes,
Which seems to weep upon the tainted place;
And ever since a pitying Lucrece's woes
Corrupted blood some watry token shows,
And blood untainted still doth red abide
Blushing at that which is so putryfied.

Daughter! Dear daughter! old Lucretius cries,
That life was mine which thou hast here depriv'd;
If in the child the father's image lies,
Where shall I live now Lucrece is unliv'd?
Thou wast not to this end from me deriv'd.
If children predecease progenitors,
We are their offsprings and they none of ours.

Wie es aus ihrer Brust entsprudelt, teilt
Es sich in zwei langsame Bäche,
So, daß das karmosine Blut
Auf jeder Seite ihren Leib umzirkelt, der
Gleich einer Insel neuerlich verheeret, wüst,
Und unbewohnet stand
In dieser schreckenvollen Flut.
Ein Teil von ihrem Blute blieb
Noch rein und rot; ein Teil
Sah dunkel, und der war vom falschen
Tarquin befleckt.
Rund um das traurende,
Geron'ne Angesicht
Von jenem schwarzen Blute geht
Ein wässeriger Kreis, der über den
Befleckten Ort zu weinen scheint.
Und seitdem zeigt aus Mitleid mit den Leiden
Lukreziens, verderbtes Blut
Beständig wässerige Zeichen.
Und unbeflecktes Blut bleibt rein und rot,
Errötend über das was so geschändet ist.

O! Tochter! Liebe Tochter! ruft der alte
Lukrezius. – Mein war dies Leben, das
Du hier geraubet hast. –
Wenn in dem Kind des Vaters Bildnis liegt:
Wo soll ich leben, da nun meine
Lukrezie leblos ist? –
Zu diesem Ende warst du nicht von mir entsprossen. –
Wenn Kinder eher sterben,
Als ihre Väter; so
Sind wir ja Abkömlinge
Von ihnen und nicht sie von uns.

Poor, broken glass! I often did behold
In thy sweet semblance my old age new born;
But now that fair fresh mirror, dim and cold,
Shows me a barebon'd death by time outworn.
Oh! From my cheeks mine image thou hast torn.
And shiver'd all the beauty from my glass
That I no more can see what once I was.

O! Time! Cease thou thy course and haste no longer.
If thou surcease to be that should survive;
Shall rotten death make conquest of the stronger,
And leave the faultring feeble souls alive?
The old bees die, the young possess their hive.
Then live, sweet Lucrece! Live again and see
Thy father die; and not thy father thee.

By this starts Colatine, as from a dream,
And bids Lucretius give his sorrow place,
And then in key-cold Lucrece's bleeding stream
He falls and bathes the pale fear in his face,
And counterfeits to die with her a space,
Till manly shame bids him possess his breath,
And live to be revenged on her death.

Du arm, zerbrochnes Glas!
Ich sah in deinem süssen Ebenbilde oft
Mein Alter neu geboren; aber nun
Ist dieser schöne frische Spiegel kalt
Und dunkel, zeigt mir einen knöchernen
Tod, abgenutzet durch die Zeit. –
O! Du hast mir mein Bildnis
Von meinen Wangen abgerissen;
Und alle Schönheit meines Spiegels
Zersplittert, daß ich nicht mehr sehen kann,
Was ich einst war. –
O Zeit! Hemm' deinen Lauf
Und eil nicht länger. –
Wenn du aufhörst zu seyn, die überleben solte:
Soll der verfaulte Tod den stärkern überwinden,
Und die gebrechlichen und schwachen Selen
Am Leben lassen? –
Die alten Bienen sterben, und die jungen
Besitzen ihren Stock. – Leb also, liebe
Lukrezia! Leb' und
Sieh deinen Vater sterben;
Und nicht dein Vater dich.

Hiemit fährt Kollatinus, als
Aus einem Traume auf;
Befielt Lukrezius,
Zu weichen seinem Kummer,
Und fällt dann in den blut'gen Strom,
Wovon Lukrezia das kalte Ufer ist;
Und badet so die blasse Furcht
In seinem Angesichte scheinend eine Zeitlang
Mit ihr zu sterben; bis die
Mannhafte Scham ihn heisset seinen Athem
Behalten und, um ihren Tod zu rächen, leben.

The deep vexation of his inward soul
Hath serv'd a dump arrest upon his tongue,
Who mad that sorrow should his use controul,
Or keep him from heart-easing words so long
Begins to talk; but thro' his lips do throng
Weak words so thick come in his poor heart's aid,
That no man could distinguish what he said.

Yet sometime Tarquin was pronounced plain,
But thro' his teeth, as if his name he tore.
This windy tempest, till it blow up rain
Held back his sorrow's tide to make it more.
At last it rains, and busy winds give o'er.
Then son and father weep with equal strife.
Who should weep most for daughter or for wife.

The one doth call her his, the other his;
Yet neither may possess the claim they lay.
The father says, she's mine. Oh! Mine she is,
Replies her husband; do not take away
My sorrow's intrest, let no mourner say,
He weeps for her; for she was only mine,
And only must be wailed by Colatine.

Der tiefe Schmerz
In seiner innern Sele hat
Auf seine Zunge einen stummen
Verhaft geleget, welche, – aufgebracht
Darüber, daß der Kummer ihren
Gebrauch so lange hemmet, oder sie
So lang von herzberuhigenden Worten
Abhält, – anfängt zu reden.

Allein durch seine Lippen drängen schwache Worte,
So dick zu seines armen Herzens Hülf gekommen,
Daß niemand unterscheiden konte, was er sagte.
Doch oftmals ward Tarquin
Vernehmlich ausgesprochen; aber durch
Die Zäne, als zerriß' er seinen Namen.

Dies windig' Ungewitter hielt, bis daß es Regen
Zusammenbliese, seines Kummers Flut zurück,
Um desto mer sie anzuschwellen.
Doch endlich regnet es;
Und die geschäftgen Winde lassen nach.

Mit gleichem Eifer weinen
Nun Sohn und Vater, wer von beiden wol
Am meisten weinen wird,
Um seine Tochter, oder um sein Weib.
Der eine nennt sie sein, der andre sein;
Und keiner kann den Anspruch,
Den er dartut, besitzen.
Der Vater saget, sie ist mein;
O! Mein ist sie, erwiedert ihr Gemal.
Nim mir das Eigentum von meinem Kummer nicht.
Las keinen Traurer sagen,
Er wein' um sie; denn sie war einzig mein,
Und mus allein von Kollatin beweinet werden.

Oh! quoth Lucretius, I did give that life,
Which she, too early and too late hath spill'd.
Wo! Wo! quoth Colatine, she was my wife.
I own'd her, and 't is mine, that she hath kill'd.
My daughter and my wife with clamours fill'd
The dispers'd air, who holding Lucrece's life
Answer'd their cries; my daughter and my wife.

Brutus, who pluck'd the knife from Lucrece's side,
Seing such emulation in their woe,
Began to cloth his wit in state and pride,
Burying in Lucrece's wound his follies show:
He with the Romans was estimed so,
As silly jeering Ideots are with kings,
For sportive words and uttering foolish things.

But now he throws that shallow habit by
Wherein the policy did him disguise,
And arm'd his long-hid wits advisedly
To check the tears in Colatinus' eyes.
Thou wronged Lord of Rome! quoth he, arise!
Let my unsounded self, suppos'd a fool,
Now set thy long experience'd wit to school.

O! sagt Lukrezius, ich gab das Leben ihr,
Das sie zu früh und auch zu spät verschleudert hat.

Weh! Weh! sagt Kollatin, sie war mein Weib;
Ich eigte sie, und mein ist es,
Was sie getödtet hat.

Mein Weib und meine Tochter
Erfülten mit Geschreien die zerteilte Luft, die
Lukreziens Leben in sich haltend
Antwortete dem Schreien:
Mein Weib und meine Tochter.

Da Brutus, der das Messer aus
Lukreziens Wunde zog, solch eine
Nacheiferung in ihrem Leide sah,
Begann er seinen Wiz
In Pracht und Stolz zu kleiden,
Begrabend in der Wunde
Lukreziens den Schein von seiner Torheit.

Er war so bei den Römern
Geachtet, als possirliche, einfält'ge Tröpfe,
Die spashaft reden, und sich närrisch
Betragen, wol bei Fürsten sind.
Allein nun wirft er von sich dieses seichte
Gewand, worin die Klugheit ihn verkleidete,
Und wafnete den langverborgenen
Verstand anschlägig um die Tränen in
Den Augen Kollatins zu hemmen. – Du
Gekränkter Pair von Rom! sagt er, steh auf!
Und las mein unergründet Ich,
Den sonst vermeinten Narren,
Nun deinen lang erfarenen Verstand
Zur Schule führen.

Why, Colatine! is woe the cure for woe?
Do wounds help wounds, or grief help grievous deeds?
Is it revenge to give thyself a blow
For his foul act by whom thy fair wife bleeds?
Such childish humour from weak minds proceeds;
Thy wretched wife mistook the matter so,
To slay herself, that should have slain her foe.

Courageous Roman! Do not steep thy heart
In such lamenting dew of lamentations:
But kneel with me and help to bear thy part,
To rouse our Roman Gods with invocations,
That they will suffer these abominations
(Since Rome herself in them doth stand disgrac'd)
By our strong arms from forth their fair streets chaf'd.

Now by the Capitol that we adore!
And by this chast blood so unjustly stain'd!
By heaven's fair sun that breedes the fat earth's store!
By all our country rites in Rome maintain'd!
And by chast Lucrece's soul that late complain'd
Her wrongs to us! And by this bloody knife!
We will revenge the death of this true wife.

Wie? Kollatin! Ist Weh ein Mittel gegen Weh?
Und heilen Wunden Wunden? Oder kan
Betrübnis wol betrübte Taten ändern? Ist
Es Rache dir selbst einen Streich zu geben für
Die schnöde Tat desjenigen, durch den
Dein holdes Weib dort blutet?
Solch kind'sche Laune komt aus schwachen
Gemütern. – Dein unglücklich Weib
Geriet in diesen Irtum, sich
Selbst zu ermorden, da sie ihren Feind
Gemordet haben solte. –
Du mut'ger Römer!
Tauch nicht dein Herz in den betränten Tau
Der Klagen; sondern knie nieder
Mit mir und hilf zu tragen deinen Teil,
Um unsre Röm'sche Götter zu
Erwecken durch Anrufungen,
Daß sie verleihen solche Greuel,
Wodurch Rom selbst entehret steht,
Durch unsre starken Arme
Aus ihren reinen Gassen
Hinwegzujagen.

Nun, bei dem Kapitol, das wir anbeten;
Bei diesem keuschen Blut,
So ungerecht beflecket!
Und bei des Himmels holder Sonne, die
Der fetten Erde Reichtum zeugt!
Bei unsern vaterländ'schen Sitten, die
In Rom gehalten werden! Bei der keuschen
Lukrezie Sele, die nur eben noch
Ihr Leiden uns geklagt!
Bei diesem blut'gen Messer!
Wir wollen rächen dieses treuen Weibes Tod.

This said he struck his hand upon his breast
And kiss'd the fatal knife to end his vow,
And to his protestation urg'd the rest,
Who wondring at him did his words allow;
Then jointly to the ground their knees they bow,
And that deep vow which Brutus made before
He doth again repeat and that they swore.

When they had sworn to this advised doom
They did conclude to bear dead Lucrece thence;
To show the bleeding body throughout Rome
And so to publish Tarquin's foul offence;
Which being done with speedy diligence
The Romans plausibly did give consent
To Tarquin's everlasting banishment.

Und dies gesagt schlug seine Hand
Er an die Brust, und küste das tödliche Messer,
Um sein Gelübd zu enden;
Und trieb die übrigen zu seinem Schwure an,
Die ihn bewundernd seinen Worten
Beipflichteten. Dann beugen sie gemeinschaftlich
Zum Boden ihre Kniee und das tiefe
Gelübd das Brutus vormals tat,
Das wiederholt' er noch einmal
Und das beschworen sie.
Da sie auf dieses vorgelegte Urteil
Geschworn, beschlossen sie die todte
Lukrezia hinweg zu tragen, und
Durch Rom den blutenden Leichnam
Umherzuzeigen, um Tarquines schnöde
Beleidigung also bekant zu machen.
Da dies mit eil'gem Fleis geschehen, willigten
Die Römer mit zufried'nem Beifal in
Tarquinens ewige Verbannung.

Anhang

Verführung und Gewalt

Burkhard Müller

Wenn man Shakespeare nennt, denkt man zuerst an seine Dramen, Tragödien und Komödien, dann an die Sonette; zuallerletzt, wenn überhaupt, pflegen einem die beiden langen erzählenden Gedichte einzufallen, die hier in einem Band versammelt sind. Während die Dramen noch immer die Spielpläne beherrschen und im deutschen Sprachraum die Kette der Sonett-Übersetzungen nicht abreißt – 150 sollen es sein, und es vergeht kein Jahr, ohne dass nicht ein bis zwei neue hinzukommen –, fristen *Venus und Adonis* und *Tarquin und Lucretia* ein Schattendasein.

Das war nicht immer so. Zu Lebzeiten des Autors und noch lang danach waren sie es, die sich der stärksten Nachfrage erfreuten; bis 1640 erlebte *Tarquin und Lucretia* 16 Auflagen. Shakespeare selbst dienten sie, wie man den Widmungen ablesen kann, als Visitenkarte, mit der er sich seinem Gönner und dem Publikum empfahl; und er traute ihnen als Wegbereiter seines Namens ganz offenbar mehr zu als den Dramen.

Das hat natürlich mit den damaligen Sitten und Moden zu tun. Es war noch weitgehend die Gattungsästhetik in Geltung, die uns heute etwas mechanisch vorkommt: drei Genera gab es, das hohe, das mittlere und das niedrige; das hohe Genus behandelte die edelsten Stoffe, wählte hierzu die edelste Form und genoss selbstverständlich auch das höchste Ansehen. Und am höchsten rangierten die antiken Vorlagen, sei es aus der Geschichte, sei es aus der Mythologie. In dem Maß, wie die beiden Gedichte ihrer Zeit Genüge tun, taten sie es den nachfolgenden Epochen eher nicht; gerade das, was die deutsche Rezeption seit Goethe an Shakespeare zu loben fand, das konventionsverschmähende »Originalgenie« in Form und

Sprache, wird man hier weitgehend vergeblich suchen. Shakespeare zeigt sich hier ganz als etwas, als das er sonst nur mit Einschränkung gelten kann: als Zeitgenosse, einem Geschmack zu Willen, an den wir uns erst gewöhnen müssen, um das Ergebnis genießen zu können.

Die Geschichte von Venus und Adonis ist überliefert im zehnten Buch der *Metamorphosen* des Ovid, des neben der Bibel wirkungsmächtigsten literarischen Werks in Europa. Die Geschichte selbst ist natürlich viel älter als Ovid. Adonis, das ist der orientalische Vegetationsgott, dessen blühende Schönheit sich in jedem Jahreslauf von Neuem im gewaltsamen Tod erfüllt, Sohn oder Geliebter, nicht selten beides, einer großen Muttergottheit, die über ihm die untröstliche Klage anhebt; ein Gott für Frauen, die sich jedes Jahr wieder die Haare raufen und Gesicht und Brust zerkratzen und es jedes Jahr wieder vergessen dürfen, dass er doch im Jahr darauf wieder da sein wird, in unzerstörbarer jugendlicher Pracht. Er ist ein älterer Verwandter des jüngeren Gottessohnes Jesus Christus: gestorben, um aufzuerstehen, wie das Weizenkorn aus der Erde. Davon ist bei Ovid, obwohl er doch eigentlich Jesu Zeitgenosse war, nicht mehr allzu viel übrig. Ovids Charme beruht ganz darauf, dass er den Mythos weder gläubig noch ungläubig behandelt, sondern an ihm frei wird zu Figuren, die, was sie tun, mit eben so viel Anmut wie Hoheit vollbringen. Nicht mythische Notwendigkeit ist es, die seine Venus mit dem schönen Jüngling verbindet, sondern ein Unfall: Sie spielt mit ihrem Kind, dem kleinen Amor, und verletzt sich dabei versehentlich an dessen Pfeil. Tiefer als gedacht, hat sie sich in die Brust geschnitten; und da ist es um sie geschehen. Adonis ist ein Jäger; ihm zuliebe begibt sich Venus außerhalb ihres Ressorts und in das ihrer Kollegin Diana, deren zweckmäßige Kleidung sie entlehnt, ein typisch ovidischer Einzelzug (Tunika bis zum Knie geschürzt, eine Art antiker Minirock); aber sie stellt bloß ungefährlichen Tieren nach wie Hasen und Hirschen. Eindringlich warnt sie Adonis vor gelbbraunen Löwen und borstigen wilden Schweinen und erzählt ihm zur Warnung die Geschichte von Hippomenes und Atalanta – durch solche Verschachtelung arrangiert und rhythmisiert Ovid Hunderte von kleinen Einzelmythen zu seinem »Carmen perpetuum«, dem ununterbrochen fortlaufenden Gedicht in fünfzehn Büchern. Es kommt, wie es kommen muss: Adonis geht auf die Eberjagd, wird tödlich verletzt, zurück bleibt die Geliebte, deren Unsterblichkeit ihr in diesem Augenblick zu nichts nütze ist als zum unendlichen Schmerz; von dem nämlich blieben die alten Götter mitnichten verschont, ja gerade sie mussten ihn erdulden, das war ihr Teil am Tod. Einen Trost wenigstens findet Venus, indem sie aus seinem Blut eine neue Blume erschafft, rot wie Granatäpfel – das ist die Verwandlung, mit der Ovid jede seiner Geschichten schließt. Bis heute trägt das Adonisröschen davon den Namen, wenngleich Ovids Beschreibung eher an eine mittelmeerische Anemone denken lässt.

Der Mythos hat den unschätzbaren Vorteil, dass er selbst in einer meisterhaften Gestaltung nicht endgültig gebunden ist, dass sein Stoff plastisch genug bleibt, um ihm immer von Neuem eine neue Form zu geben. Jeder kann ihn haben. Ovid schreckt nicht ab, er regt an. 89 Verse brauchen die *Metamorphosen* und haben dabei schon genügend Raum für mancherlei Details, die mitunter das Neckische streifen; bei Shakespeare werden daraus rund 1500. Ökonomie ist nicht die vorwaltende Sorge dieses Werks: darin vor allem erweist es sich als ein Produkt des Barocks, zu dessen auffälligsten Stilmerkmalen die Vervielfältigung einzelner Glieder gehört. Shakespeare benimmt sich, wenn er Ovid verarbeitet, so, als hätte ihm dieser bloß eine Skizze geliefert, und es sei jetzt an ihm, daraus ein Gemälde zu fertigen.

Und dabei verliert das Gedicht keine Zeit, geht gleich mitten in die Sache hinein. In der ersten Strophe erfährt man »Sick-thoughted *Venus* makes amain unto him – Von Sehnsucht krank naht Venus ihm«, ohne dass die näheren Umstände, wie sie seine Bekanntschaft gemacht und sich in ihn verliebt hat, beleuchtet würden. Das wird als bekannt vorausgesetzt. Das Gedicht verharrt, bei aller Bewegtheit der geschilderten Affekte, fast ganz im Zustand des Tableaus; was doch im engeren Sinn *geschieht*, der Tod des Adonis etwa, wird knapp wie eine szenische Anweisung beigestellt. Man würde in dem Autor, wüsste man sonst nichts von ihm, nicht unbedingt den Dramatiker vermuten; er präsentiert sich seinen Lesern stattdessen als großer Rhetor. Fern war noch die Zeit, wo man die Rhetorik als Ausschweifung und Schaumschlägerei geringschätzen sollte; der malende Dichter genoss hohe Achtung.

Shakespeare geht mit dem Stoff durchaus souverän um. Den Adonis rückt er vom Jünglings- bis fast ans Knabenalter herab, das zwar schon das begehrliche Auge zu reizen, aber noch nicht selbst sich hinzugeben fähig ist: Ein Ephebe ist er, wie ihn die Griechen schätzten, tauglich zum Objekt, jedoch noch nicht als Subjekt der Liebe. Die Göttin aber will ihn als wahres Gegenüber, und daraus erwächst für sie der Widerstand. Nicht dass er *sie* nicht will, ist das Problem – ein solches Problem wäre ja auch bei der Göttin der Liebe gar nicht vorstellbar –, sondern dass er *überhaupt keine* Frau will. »Noch immer bittet sie, und bittet schön; / Denn ihre Worte tönen in ein schönes Ohr; / Noch immer zürnt er, runzelt seine Stirn / Und schmollt, die Wangen wechselsweise / Von purpurfarbner Scham / Und aschenbleichem Zorn gefärbt.« Auf diesem Schlachtfeld allerdings kämpfen selbst Göttinnen vergeblich. »O! Mitleid! schluchzt sie, kieselherz'ger Junge! / Ich bitte nur um einen Kuß. – – – / Warum bist du so spröd?« Dieses Thema wird nun ausführlich durchgenommen und abgewandelt. Es wechseln flehentliche Bitten, Klagen, Schmeicheleien, Selbstanpreisungen, Handgreiflichkeiten und advokatorische Kniffe. Wenigstens ein bisschen? Und wer guckt schon zu? »Die blauen Veilchen hier, / Worauf wir liegen, können nichts / Ausplaudern, wissen gar / Nicht was wir wollen.« Ein unverhofftes Intermezzo, das ganz auf Shakespeares Rechnung geht und von dem sich bei Ovid nichts findet, kommt Venus zu Hilfe: Der Hengst des Adonis reißt sich plötzlich, weil er eine Stute bemerkt hat, los und verfolgt sie in wilder Brunst. »Und wer ihn sieht weiß nicht / Ob, und wohin er laufe oder fliege; / Denn durch die Mänen und den Schweif / Zischt laut der hohe Wind, / Und fächelt ihre Haare, daß sie, als befiedert, / Gleich Flügeln in den Lüften schweben.« Daran sollte sich sein Herr ein Beispiel nehmen, meint Venus; aber die erhoffte Zuwendung findet sie erst, als sie in Ohnmacht fällt und er sie bestürzt aufhebt. »O! lerne lieben!«, sagt sie ihm, »'S ist eine leichte Lekzion, / Und weist du einmal sie: / Du wirst sie nie vergessen.«

Dass dieser unermüdlich und wandlungsreich Werbenden auch im Deutschen eine so wunderbare Beredsamkeit zu Gebote steht, verdankt sich ihrem deutschen Übersetzer Heinrich Christoph Albrecht. Ganz offensichtlich hat dieser viel, und zwar das Beste, von Wieland gelernt – nicht zuletzt, wie man auf graziöse Weise erotisch, ja frivol sein kann, was ihm bei einigen der bewegteren Szenen sehr zustattenkommt. Von Wieland stammt jedenfalls auch die Zuversicht und die Lebendigkeit, mit der er die Form des Langgedichts antiken Inhalts behandelt. Shakespeare hat hier eine sehr feste Strophe vorgegeben: fünfhebige Jamben, angeordnet als männlicher Kreuzreim, gefolgt von einem weiblichen Paarreim. (*Tarquin und Lucretia* vermehrt die Strophe um einen Vers.) Das nachzubilden, versucht Albrecht erst gar nicht; stattdessen greift er mit großer Freiheit zu ungereimten deutschen Jamben mit variierender Hebungszahl bei ungescheuter Vermehrung der Verse: so erspart er sich die Anfälle von Atemnot, von denen nicht selten die deutschen Sonett-Übertragungen heimgesucht werden, weil sie sich auf dieselbe Zahl von Silben verpflichtet haben. Das Englische ist nun mal kürzer als das Deutsche; und auch der Monotonie wird so vorgebaut, die bestimmt die größte Gefahr einer formgetreuen Wiedergabe gewesen wäre.

Am Schluss stehen der Tod des Adonis und die Klage der Venus. Doch findet sie für den unwiderruflichen Schmerz keinen anderen Ton als zuvor für die inständige Werbung; der silberzüngige Strom nimmt in der Trauer Züge der Geschwätzigkeit an. Hier hat das Gedicht nicht nur sein Ende, sondern auch seine Grenze erreicht. Für solchen Ernst war seine Anmut nicht gemacht.

Von Anfang an im Zeichen des Ernstes und damit auch des größeren dichterischen Ehrgeizes steht die Geschichte der Lucretia. Auch sie hat ihre direkte antike Quelle: den Schluss des ersten Buches von *Ab Urbe Condita*, der Geschichte der Stadt Rom von den Anfängen bis in die Gegenwart des Autors Titus Livius kurz vor der Zeitenwende. Es ist ein sehr bedeutungsschwerer Schluss; denn der Tod der Lucretia markiert zugleich den Übergang vom Königreich zur römischen Republik. In einer aufgeladenen politischen Atmosphäre kann ein einzelner Todesfall, der sonst eine reine Kriminalsache geblieben wäre, das Fanal zum Umsturz geben.

Schon lange ist das Volk mit seinem König Tarquinius, der in der Überlieferung den Namen Superbus, der Hochmütige, trägt, unzufrieden. Sein Sohn Sextus steht mit dem Heer bei der Stadt Ardea, denn Krieg führte Rom schon damals fast immer. Am Abend sitzt man im Lager beisammen und plaudert, und zwar – wen erstaunt das in einer Männerrunde? – über die Frauen und wer daheim die beste hat. Collatinus behauptet, seiner Lucretia könne keine das Wasser reichen. Aber das lässt sich doch leicht herausfinden! Man braucht nur die Pferde zu satteln und gleich bei jedem daheim nachzuschauen – so übersichtlich sind damals noch die Größenordnungen der römischen Kriege, ein abendlicher Ritt von der Front nach Hause. Alle diese adligen Damen werden bei Tänzen und geselligen Anlässen angetroffen; nur Lucretia nicht, die noch spät unter ihren Mägden sitzt und Wolle spinnt. Nach den Maßstäben des alten Rom hat damit sie, die pflichtbewusste Hausfrau, gewonnen.

Aber diese abendliche Inspektionsreise war ein Fehler. Dem Kronprinzen Sextus Tarquinius hat sich das Bild der Lucretia unauslöschlich eingeprägt. Unter einem Vorwand sucht er sie kurz danach auf, lässt sich ein Gästezimmer im Haus anweisen und dringt von dort in der Nacht gewaltsam in das Schlafgemach der Hausherrin vor. Sie leistet ihm Widerstand und erklärt, lieber sterben zu wollen, als sich ihm zu ergeben. Da ersinnt Sextus eine niederträchtige List: Wenn sie ihm nicht zu Willen sei, werde er sie töten, ihre nackte Leiche auf die nackte Leiche eines getöteten Sklaven werfen und erklären, er habe beide in flagranti ertappt und gerichtet. Da gibt sie seiner Liebe nach. Sextus geht; Lucretia aber schickt gleichlautende Briefe an ihren Vater und ihren Bruder, sie sollten sofort kommen und je einen Freund mitbringen, etwas Furchtbares sei passiert. Als sie erscheinen, erzählt Lucretia den Vorfall, betont die Unschuld ihres Geistes, die körperliche Schändung – und bringt sich dann mit einem Dolch vor den Augen der Männer um, »damit sich«, wie sie erläutert, »in Zukunft keine schamlose Frau auf den Präzedenzfall der Lucretia berufen kann«. Iunius Brutus, der Freund, den Collatinus mitgebracht hat, schultert den Leichnam, trägt ihn aufs Forum, stachelt das Volk mit dem Anblick der toten Lucretia zur Revolte an, erinnert an die schmachvolle Zwangsarbeit, die den Römern auferlegt ist, und Tarquinius Vater und Sohn werden vertrieben. Es endet die Monarchie, die Republik beginnt.

Der Selbstmord der Lucretia hat immer Anlass zur Debatte gegeben. Ein moderner Spötter, der ihre Argumentation untersucht, könnte sagen, Lucretia sei als Juristin gestorben; und gerade darin liege ihre altrömische Tugend, als deren Beispiel sie gilt. Die römische Antike sah in dieser Tat einen Akt kühner Selbstbestimmung oder aber das Opfer fürs Vaterland – zwei Deutungen, die sich gegenseitig ausschließen sollten, denn im ersten Fall wäre ihr Tod – und damit Lucretia selbst – Zweck und im zweiten Mittel gewesen. Lucretia ihrerseits hat die Grenze zwischen beidem eher verwischt, indem sie an ihre Tat den Aufruf zur Rache band. Der Kirchenvater Augustinus verurteilte ihren Suizid: Es habe darin die stolze Römerin sich angemaßt, die Beschämung der verletzten Ehre nicht ertragen zu wollen – aber gerade diese Ehrverletzung sei ihr von Gott auferlegt worden.

Denn Lucretia ist weit Schlimmeres als das Trauma einer Vergewaltigung widerfahren, als, wie der entsprechende Abschnitt in unserem Strafgesetzbuch heißt, ein Übergriff auf die sexuelle Selbstbestimmung. Ihre Ehre ist hin. Die weibliche Ehre – ein Begriff, den zu verstehen wir uns einige Mühe geben müssen. Er lebt bis heute: Massenvergewaltigungen in Ländern, in denen Bürgerkrieg herrscht, haben immer noch den Hauptzweck, die Frauen als ehrlos ihren Männern unmöglich zu machen – das ist demographisch noch wirkungsvoller als die etwaige Geburt von Bastarden. Die Ehre ist ganz getrennt von der Freiwilligkeit oder Unfreiwilligkeit des Akts; und auch der traumatische Charakter des Vorgangs interessiert nicht an erster Stelle. Eine Frau, zu der ein anderer Mann sich Zugang verschafft, auch mittels Zwang, ist so sicher ehrlos, wie jemand, dem man die Augen ausgestochen hat, nicht mehr sehen kann. Vor diesem Faktum sind die Umstände der Tat zweitrangig.

Bezeichnend für Shakespeares wie für andere mittelalterliche und frühneuzeitliche Behandlungen des Stoffs ist, wie restlos sie alle politischen Implikationen der Erzählung ausgeschieden haben. Es wäre verfehlt, darin einen reaktionären Willen zu erkennen. Die Republik können sie alle nicht einmal denken. Gewalt, Empörung, Aufruhr, Rache – das bleibt vorstellbar allein im Verhältnis der Sippen zueinander, niemals als der Klassenkampf, der sich bei Livius, auch wenn er die Verwandtschaftsbande zwischen allen Akteuren pflichtgemäß erwähnt, immerhin andeutet.

Bei Shakespeare wird das Ganze jedenfalls zur »Staatsaktion«, also einem tragischen Ereignis innerhalb des vorhandenen Führungspersonals, persönlich auf höchster Ebene. Die Tragik hat ihren Ausgangspunkt im angetrunkenen Übermut des Collatin, der sich untersteht, in Gegenwart des Kronprinzen die »Keuschheit« seiner Gattin zu rühmen, also jene subjektive Haltung, die dem objektiven Tatbestand der »Ehre« korreliert. Können wir uns unter Keuschheit noch etwas anderes vorstellen als die bloße Unterlassung, etwas positiv

Existentes und nicht nur eine Leerstelle? Die Zeitgenossen der Lucretia, des Livius und Shakespeares jedenfalls konnten es; es wirkt hier ein Konsens, der zwei Jahrtausende hielt, und er wirkt als ein ungeheurer Anreiz. »Dieser Name / Der Keuschen schärfte / Durch ein unglüklich Ongefär / Die Schneide seiner scharfen Leidenschaft / Zu einem unerreichten Grad, / Da Kollatinus, unvorsichtig, / Sich nicht enthielt, / Das reine, gleichenlose Rot und Weis / Zu preisen, welches triumfirte / In jenem Himmel seiner Wonne«.

Rot und Weiß! Diese zwei Farben beschäftigen den Barock sehr. Er liebt, ohne je nach Sizilien zu reisen, den Schnee auf dem feuerspeienden Ätna; er stellt Rosen und Lilien zum Strauß zusammen, wenn eine weiße Dorothee beim Kuss errötend lacht; er setzt sich, mit volkstümlicher Verspätung, fort ins Märchen von Schneeweißchen und Rosenrot. Rot ist das Feuer, weiß das Eis; weiß die Keuschheit, rot die Schönheit. Ein rot-weißes Gesicht ist das Wappen des weiblichen Geschlechts in seiner idealen Gestalt. »Solch eine Wappenkunde sah / Man in Lukreziens Gesicht, / Erwiesen aus dem Rot der Schönheit, und / Dem Weis der Tugend.« Für Sextus Tarquinius wird die einfache heraldische Figur aus Rot und Weiß zum Emblem der unmöglichen Sehnsucht: Die Schönheit erscheint ihm begehrenswert genau in dem Maß, in dem er sie nicht haben kann. Außer durch Gewalt.

Dieses uns höchst fragwürdige Gedicht von einer Vergewaltigung hat, barock, wie es ist, seine zahlreichen einhaltenden Momente; und von denen wird es zuletzt errettet. Tarquinius ist keineswegs das tumbe männliche Paarungstier. Das sollte sich schon daraus erhellen, dass er auf ein bloßes Phantasma hin, den Ruhm der Keuschheit, die Ohren spitzt. Er hat Phantasie. Auch ist er nicht der widerlich raffinierte Lüstling, der von der Keuschen die seltenste Lust wie eine Art Kaviar begehrt. Sondern er ringt mit sich. Dieses Ringen ist die Erfindung Shakespeares, und es erhebt seine Figur über den Stoff des Livius hinaus, der vor allem den Anlass des Staatsstreichs zu beglaubigen trachtet. »Solch Wagspiel mus der liebbetörte / Tarquin jezt wagen, mus die Ehre / Verpfänden um die Wollust zu erhalten, / Sich selbst verlassen wegen seiner selbst. – / Und wo ist denn noch Treue, / Wenn man sich selber untreu wird?« So geht Sextus Tarquinius mit sich zu Rate, unmittelbar bevor er das unwiderrufliche Verbrechen begeht. Darf man ihn frei nennen? Schon vor der Handlung, auf die sich sein ganzes Streben richtet, ist ihm klar, dass er es hinterher lieber nicht wird getan haben wollen. Der weiblichen Ehre, die zu vernichten er im Begriff steht, stellt er seine eigene Männerehre entgegen, die den Übergriff gleichfalls nicht überleben wird. Das sieht er mit völliger Deutlichkeit. Und doch tut er es. In den Spalt des sich schließenden Gefängnistors setzt das Genie Shakespeares den gehetzten Reflex der Freiheit, die ohne Aufschub, jetzt, zwischen Drinnen und Draußen wählen muss. Immer landet sie drinnen, wo sie vernichtet wird. »Nun überschlich die Zeit die Todtenstille / Der Mitternacht, da starrer Schlaf ein jedes / Sterbliche Aug geschlossen hat. – – / Zum Trost verlieh kein Stern / Sein Licht; – Kein Laut als nur / Das todverkündende Geschrei / Der Eulen und der Wölfe; denn / Jezt paßt die Zeit, worin sie das / Arglose Lam erhaschen können. – Todt / Und still sind reine / Gedanken; Mord und Wollust aber wachen / Zu tödten und zu schänden.«

Dieser Sextus Tarquinius ist der unmittelbare Ahn des Macbeth – Macbeth, der tötet und dann erschrickt, dass in dem alten Mann noch so viel Blut war; Macbeth, der den Schlaf mordet. Dass einer wollen muss, wovon er genau weiß, dass es ihn tief und bitter reuen wird: Hier zeigt sich, anders als bei *Venus und Adonis*, Shakespeare der Dramatiker.

Und was verbindet Venus und Lucretia? Die Königinnen des Gewährens und der Verweigerung, die vorbildlich Keusche und die programmatisch Unkeusche stehen in den Augen des 16. Jahrhunderts einander weit näher, als wir glauben möchten. Ob Lucas Cranach Vater und Sohn eine Venus oder eine Lucretia gemalt haben – beides taten sie oft und gern –, erkennt man allein an den Attributen, die sie der Dame jeweils beilegen. Ansonsten sind beide schön und unbekleidet. Doch bei Lucretia scheint gerade die Unschuld ihrer Schönheit sich gegen sie zu kehren und zu einer anderen Art von Schuld zu werden, eben jener, an der Eva, die dritte der Frauengestalten, die die Cranachs angesichts starker Nachfrage in Serie lieferten, zu tragen hat: der in sie eingesenkten lockenden Macht, die trotz allem mindestens zur Hälfte als ein Handeln begriffen wird. Das dumme Prahlen des Collatinus mit dem, was er besser schweigend genösse, selbst der Gewaltakt des Sextus – das alles stellt sich fast bloß als Anlass dar, der das Verhängnis dieses Leibes in Bewegung setzt. Ganz nackt ist Lucretia, wie sie sich doch dem Täter, bis er zur Gewalt greift, schwerlich dargeboten und wie sie auch ihren Selbstmord kaum verübt haben wird. Den Dolch hält sie wie einen Toilettenartikel in der Hand, er berührt die seidige Haut bereits, aber ritzt sie eben noch nicht; dazu breitet sie über die Leibesmitte ein Schleierchen, einen Hauch von einem Nichts, welches den Sitz der Keuschheit eher akzentuiert als verbirgt. Es ist ein holdes Bild und dennoch in der Art, wie es die Verzweiflung tändeln lässt, eine Frechheit. Von dieser hält sich Shakespeare in seiner Gestaltung des Stoffs fern; und rechnet doch mit einem Publikum, dessen Erwartung sich gerade darauf spannt. So sind die beiden, Venus und Lucretia, obwohl sie das völlig Gegenteilige zu tun scheinen, in jenem Sinn, den die Zeit ihnen gab, Schwestern.

Shakespeares epische Gedichte in der Herzogin Anna Amalia Bibliothek

Jan Volker Röhnert

Der Dramatiker William Shakespeare hatte seit Christoph Martin Wielands Prosaübersetzungen (Zürich 1762–1766) Konjunktur auf deutschen Bühnen und bei der Generation des Sturm und Drang, die in dem Mann aus Stratford-upon-Avon den poetischen Genius schlechthin verehrte. Zwischen 1772 und 1775 legte Johann Joachim Eschenburg eine vollständige und philologisch genauere Übertragung der Schauspiele vor – eine Ausgabe, auf die Goethe und viele Theater bis Mitte des 19. Jahrhunderts zurückgriffen. Von 1797 bis 1810 erschienen die »klassischen«, bis heute meistgelesenen Shakespeare-Übertragungen des Romantikers August Wilhelm Schlegel, die in den Jahren 1825 bis 1833 von Ludwig Tieck, dessen Tochter Dorothea Tieck und Wolf Graf Baudissin fortgesetzt wurden. Nachdem schließlich auch noch der Homer-Übersetzer Johann Heinrich Voß mit seinen Söhnen Heinrich und Abraham in das Ringen um den gültigen deutschen Shakespeare eingegriffen hatte (Leipzig 1818–1829), resümierte Goethe: »Shakespeare und kein Ende«.

Der Kult, der in dem halben Jahrhundert zwischen 1770 und 1820 um den englischen Dichter getrieben wurde, lässt es umso erstaunlicher erscheinen, dass die beiden einzigen Werke, die zu Shakespeares Lebzeiten unter dessen Namen und von ihm autorisiert an die Öffentlichkeit gelangten, in der Goethezeit nahezu unbeachtet blieben. Die Rede ist von den epischen Gedichten *Venus und Adonis* sowie *Tarquin und Lucretia,* deren Schicksal übrigens auch die *Sonette* teilten, die erst 1824 in der Übersetzung von Karl Lachmann vorlagen – während Dorothea Tiecks Übertragungen von der Mitwelt kaum zur Kenntnis genommen wurden.

Shakespeare hatte die Poeme 1593 beziehungsweise 1594 veröffentlicht, als in London die Theater wegen der Pest geschlossen waren; kurz zuvor war noch *Richard III.* uraufgeführt worden. Der als Mäzen auserkorene Widmungsträger Henry Wriothesly, Earl of Southampton, gilt auch als einer der mutmaßlichen Adressaten der *Sonette*, die in dieser Zeit entstanden. Die antiker Geschichtsschreibung und Mythologie entlehnten Sujets hatte Shakespeare wahrscheinlich in Arthur Goldings Übersetzung von Ovids *Metamorphosen* (1567) kennengelernt. *Venus und Adonis* und *Tarquin und Lucretia* schließen an die klassisch-mythologische Stofffülle der elisabethanischen Versdichtungen an, aus denen Christopher Marlowes *Hero und Leander* als ein Meilenstein herausragt.

Heinrich Christoph Albrechts deutsche Erstübersetzung von Shakespeares mythologischen Langgedichten erschien 1783, 200 Jahre nach dem englischen Original. Albrecht ist, dies sei vorangestellt, weit davon entfernt, den rhetorischen Glanz der englischen Verse einzufangen – sofern dies im Deutschen überhaupt denkbar ist. Die bei Shakespeare strukturbildenden Antithesen, Paradoxien und Oxymora sind paraphrasiert und haben ihre elliptische Kürze eingebüßt; die strengen zehnsilbigen Sestinenverse im Reimschema ABABCC (*Venus und Adonis*) sowie die elfsilbigen Verse der siebenzeiligen, mehr Bewegtheit suggerierenden Strophen im Reimschema ABABBCC (*Tarquin und Lukrezia*) sind zugunsten prosanaher, quasi ungebundener reimloser Kurzzeilen aufgegeben.

Der Nachdruck liegt auf einer wortgetreuen, semantisch so nahe wie möglich operierenden Übertragung. Das geht bis zur Adaption englischer Wörter wie »hummen«, ein Verb, das Albrecht als lautliche Entsprechung für »to hum« eigens kreierte. Aus dem »nie zu übertretenden« Vorsatz philologischer Treue – der in der hier nicht wiedergegebenen Vorrede behauptet wird – spricht allerdings weniger der empathische, neu schöpfende Dichter als vielmehr der Übersetzer einer englischen Sprachlehre und Herausgeber zweier englischer

Grammatiken, mit denen sich Albrecht nach seiner Shakespeare-Übersetzung, dem literarischen Debüt des gerade Zwanzigjährigen, einen Namen machte.

Heinrich Christoph Albrecht wurde im November 1763 in Hamburg geboren. Durch seinen Bruder, den Englischlehrer Dieterich Rudolf Albrecht, dürfte er schon früh in Kontakt mit dem Idiom Shakespeares gekommen sein. *Venus und Adonis; Tarquin und Lukrezia* erschien 1783 in Halle, wo sich Albrecht dem Studium der Theologie widmete. Nach der Rückkehr in seine Vaterstadt leitete er zunächst eine Erziehungsanstalt in Eppendorf, um sich schließlich als Privatgelehrter der Tagesschriftstellerei zuzuwenden – zuletzt auf dem Landsitz Kielseng bei Flensburg, wo er im August 1800 im Alter von nur 36 Jahren starb.

Albrechts Name taucht weder in Goethes Briefen noch in seinen Tagebüchern auf. Auf der Liste der von ihm entliehenen Bücher ist er ebenso wenig verzeichnet wie in den Bestandskatalogen seiner Privatbibliothek. Und doch gibt es einen Hinweis, dass Albrecht auch in Weimar zur Kenntnis genommen wurde. In einem Brief vom 4. Dezember 1796 dankte Goethes Mutter Katharina ihrem Sohn für den Erhalt des Schauspiels *Die Revolution in England, Erster Theil*, dessen Untertitel *Karls I. Königs von England Leben und Tod* lautet, und bat ihn, den bereits angekündigten zweiten Teil ihr gleich nach Veröffentlichung zu schicken. Der Verfasser dieses Stückes, dessen Fortsetzung nie erschien, war kein anderer als Heinrich Christoph Albrecht. Von ihm finden sich in der Herzogin Anna Amalia Bibliothek die Übersetzung von Thomas Paines *The age of reason, being an investigation of true and fabulous theology* (*Versuch über wahre und fabelhafte Theologie*, 1794) sowie eine im Geiste Lessings verfasste *Neue Hamburgische Dramaturgie* (1791) und die *Untersuchungen über die englische Staats-Verfassung* (1794).

Das dieser Edition zugrunde liegende Exemplar von Albrechts Shakespeare-Verdeutschung trägt den seit 1816 verwendeten Stempel »Großherzogliche Bibliothek zu Weimar«

und auf der Innenseite des hinteren Buchdeckels den handschriftlichen Vermerk des vermutlichen Erst- oder Vorbesitzers: »Bandagist Schropp gehörig«. Aus dem klassischen Weimar ist kein Bandagist (Wundarzt) namens Schropp überliefert; lediglich in Augsburg residierte eine mit dem Musenhof korrespondierende Buchhändlerfamilie Schropp. Aller Wahrscheinlichkeit nach konnte der Albrecht'sche Shakespeare einige Jahrzehnte nach seiner Veröffentlichung – durch Schenkung oder einen Auktions- bzw. antiquarischen Kauf – erworben werden. Mit der Signatur Dd 5:72e wurde das Buch dem allgemeinen Bestand englischer Literatur in der Bibliothek zugeordnet. Denkbar wäre auch, es in der Bibliothek der Deutschen Shakespeare-Gesellschaft zu finden, die mit etwa 10000 Bänden eine der umfangreichsten Sondersammlungen innerhalb der Herzogin Anna Amalia Bibliothek darstellt.

Seit dem Jahr 1864 systematisch katalogisiert, verfügt diese Sammlung über die weltweit umfassendste Dokumentation der europäischen Shakespeare-Rezeption. Sie enthält, mit Wieland angefangen, nahezu alle deutschen Gesamt- und Teilübersetzungen, und dies in den maßgeblichen Erst- bzw. revidierten oder fortgeführten Zweitauflagen. Daneben zählt sie die bedeutenden englischen Shakespeare-Ausgaben des 18. und 19. Jahrhunderts zu ihren Beständen sowie eine Vielzahl fremdsprachiger Übertragungen, vor allem ins Französische, Polnische und Ungarische. Weiterhin erschließt sie einen großen Teil kritischer, essayistischer und belletristischer Shakespeare-Literatur aus dem 19. und frühen 20. Jahrhundert.

Auch die späteren deutschen Übersetzungen der Poeme *Venus und Adonis* und *Tarquin und Lucretia* gehören zum Bestand der Herzogin Anna Amalia Bibliothek bzw. der ihr angeschlossenen Shakespeare-Sammlung. Der namhafteste unter den Übersetzern ist sicherlich der Dichter Ferdinand Freiligrath, der 1849 seine Übertragung von *Venus und Adonis* vorlegte. Das Gedicht wurde 1875 von Bruno Tschischwitz, 1922 von Friedrich Gundolf, einem Mitglied des George-Kreises, und 1923 von Bruno Erich Werner übertragen. 1824 wagten sich Karl Richter, 1856 Johann Heinrich Dambeck und 1902 Emil Wagner zusätzlich an *Tarquin und Lucretia*, das auch unter dem Titel *Die Schändung der Lucretia* erschien.

Bis heute sind in der Shakespeare-Rezeption diese beiden Versschöpfungen, im Gegensatz zu den seit Stefan George vielfach übersetzten *Sonetten*, völlig unterrepräsentiert geblieben. Vielleicht mag diese Neuauflage ihrer allerersten deutschen Übertragung Anlass bieten, deren rhetorische Raffinesse wie die Momente epischer Verdichtung und dramatischer Zuspitzung neu schätzen zu lernen.

Zu dieser Ausgabe

Die *Bibliotheca Anna Amalia* der *Süddeutschen Zeitung* gibt in insgesamt 12 Bänden unter dem Motto »Weltliteratur« Einblick in die wertvollen Bestände der Herzogin Anna Amalia Bibliothek in Weimar.

Die Edition folgt buchstaben- und zeichengetreu dem jeweiligen in Weimar vorliegenden Exemplar. Dabei sind Inkonsequenzen in Orthographie und Interpunktion, die sich aus dem Fehlen verbindlicher Normen erklären, beibehalten. Offensichtliche und eindeutig zu korrigierende Druckfehler sind im Text berichtigt. Nicht übernommen werden typographische und drucktechnische Verfahren wie andere bzw. kleinere Schrift für fremdsprachige Textstellen, Doppelstrich für Wortkoppelung und Silbentrennung, Einzug bei Kapitelanfängen.

Diesem Band liegt die deutsche Erstausgabe von Shakespeares *Venus und Adonis* und *Tarquin und Lucretia* zugrunde: *Venus und Adonis; Tarquin und Lukrezia. Zwei Gedichte von Shakespeare. Aus dem Englischen übersezt. Mit beigedruktem Original. Halle, bey Johann Jacob Gebauer, 1783*. Das Exemplar der Herzogin Anna Amalia Bibliothek trägt die Signatur Dd 5:72e.

Das 16-seitige Vorwort des Übersetzers Heinrich Christoph Albrecht ist hier nicht wiedergegeben; seine Fußnoten im Text (S. 55, 235) sind übernommen. In *Venus und Adonis* (S. 34) ist der in der Vorlage fehlende Vers »As if the dead the living should exceed«, in *Tarquin und Lukrezia* sind die Verse »Let ghastly shadows his lewd eyes affright« (S. 218) und »Unless thou yoke thy liking to my will« (S. 282) in eckigen Klammern ergänzt.

Inhalt

Anhang

Johann Wolfgang von Goethe
AUCH ICH IN DER CHAMPAGNE!

Nur in diesem Erstdruck hat Goethe das Motto seiner Schrift „Campagne in Frankreich" in den Titel hereingenommen. So antwortete das „Auch ich in der Champagne!" dem „Auch ich in Arkadien!" der „Italienischen Reise". Wer dieses Buch liest, dem kommt die Illusion abhanden, die Goethezeit sei eine behagliche Idylle gewesen. Es ist im Angesicht von Schlachtfeldern entstanden – Goethes Buch über Krieg und Frieden.

Mit einem Nachwort
von Gustav Seibt
ISBN: 978-3-86615-405-6
ET: März 2007
288 Seiten, Ladenpreis: 24,90 Euro (D), 25,60 Euro (A), 43,90 sFr

Voltaire
DIE PRINZESSIN VON BABYLON

Wer mit Voltaire nach Babylon reist, der gerät nicht nur in eine Welt des Orientalismus und Exotismus. Er begegnet beim Lesen zugleich dem zeitgenössischen Europa von England bis zum Papst in Rom. Und in leicht durchschaubarer, lockerer Verkleidung ist eine bis heute aktuelle Reisebegleiterin allgegenwärtig: die Frage nach dem Verhältnis der europäischen Kultur und Bildung zu ihren welthistorischen Nachbarn.

Mit einem Nachwort von
Hans Pleschinski
ISBN: 978-3-86615-407-0
ET: März 2007
160 Seiten, Ladenpreis: 19,90 Euro (D), 20,50 Euro (A), 34,90 sFr

William Shakespeare
VENUS UND ADONIS. TARQUIN UND LUKREZIA.
Zwei Gedichte in zwei Sprachen

Shakespeare gehört zu den Fixsternen der klassischen Literatur. Hier kommt er als Erbe der europäischen Tradition zu Wort: im Langgedicht „Venus und Adonis", das von der Schönheit, von Leid und Lust der Liebe handelt, greift er auf Ovid zurück, im tragischen Pendant „Tarquin und Lukrezia" auf die Erzählung des Livius über die Schändung der Lukrezia: Ihr Selbstmord markiert den Übergang Roms von der Monarchie zur Republik. Und im Gedicht-Autor Shakespeare meldet sich zugleich der Dramatiker zu Wort.

Zweisprachige Ausgabe.
Mit einem Nachwort von
Burkhard Müller
ISBN: 978-3-86615-406-3
ET: März 2007
336 Seiten, Ladenpreis: 29,90 Euro (D), 30,80 Euro (A), 51,90 sFr

Ludwig Tieck
DAS ALTE BUCH UND DIE REISE INS BLAUE HINEIN
Novellen

Nach dem Tod Goethes im März 1832 galt vielen Lesern der alte Ludwig Tieck als ungekrönter König der deutschen Literatur. In seinen späten Novellen ließ er die alten Zauberworte der romantischen Erzählkunst noch einmal Revue passieren. Es sind die Bücher selbst, die hier auf Wanderschaft gehen, Abenteuer erleben, in die Hände von Bearbeitern und Kopisten fallen. Hier schreibt einer für Leser, die sich nicht leicht hinters Licht führen lassen.

Mit einem Nachwort von
Lothar Müller
ISBN: 978-3-86615-408-7
ET: April 2007
ca. 416 Seiten, Ladenpreis: 29,90 Euro (D), 30,80 Euro (A), 51,90 sFr

François-René de Chateaubriand
ERINNERUNGEN AUS ITALIEN, ENGLAND UND AMERIKA

François René Vicomte de Chateaubriand gehörte zu den französischen Lesern Goethes, dessen „Werther" in seinem Werk Spuren hinterlassen hat. In diesem Band sind Erinnerungen an seine Reise nach Nordamerika 1790/91 mit Berichten aus den beiden klassischen europäischen Reiseländern des 18. Jahrhunderts zusammengestellt. Die Aufzeichnungen zählen zu den Büchern der Anna Amalia Bibliothek, die zum Bild der Neuen Welt bei den Bewohnern des alten Europa beitrugen.

Mit einem Nachwort von
Johannes Willms
ISBN: 978-3-86615-409-4
ET: Mai 2007
ca. 160 Seiten, Ladenpreis: 19,90 Euro (D), 20,50 Euro (A), 34,90 sFr

Christoph Martin Wieland
DSCHINNISTAN ODER AUSERLESENE FEEN- UND GEISTER-MÄRCHEN

Dieser schöne Band, in dem Wieland dem Publikum eine Auswahl seiner Bearbeitungen französischer Feenmärchen präsentiert, gehört zu den charmantesten Beispielen für ein Charakteristikum der Weimarer Klassiker: Sie alle traten nicht nur als Autoren ihrer Werke, sondern zugleich als Übersetzer der Weltliteratur in Erscheinung. Von der Geschmeidigkeit, die die deutsche Literatursprache dadurch gewann, legen in diesem Buch die Feen und Geister Zeugnis ab.

Mit einem Nachwort von
Hannelore Schaffler
ISBN: 978-3-86615-410-0
ET: Juni 2007
ca. 253 Seiten, Ladenpreis: 24,90 Euro (D), 25,60 Euro (A), 43,90 sFr

Karl Philipp Moritz
REISEN EINES DEUTSCHEN IN ENGLAND

Von Berlin aus brach Karl Philipp Moritz ins gelobte Land der deutschen Aufklärung, nach England, auf. Als notorischer Fußgänger zog er den Spott der Einheimischen auf sich, dem deutschen Publikum brachte er eine der lebendigsten Reisebeschreibungen des 18. Jahrhunderts mit. Sie führt ins Londoner Parlament und die dortigen Buchhandlungen ebenso wie ins Dunkel der Höhle von Castleton. Als Goethe 1786 in Rom Moritz kennenlernte, glaubte er in ihm einen „jüngeren Bruder" zu erkennen.

Mit einem Nachwort von
Willi Winkler
ISBN: 978-3-86615-411-7
ET: Juli 2007
ca. 180 Seiten, Ladenpreis: 24,90 Euro (D), 25,60 Euro (A), 43,90 sFr

Jean Paul
FREIHEITS-BÜCHLEIN

Dieses Buch, für das sein Autor ursprünglich, in Anlehnung an die Freiheitsbäume der Französischen Revolution, den Titel „Freiheitsbäumchen" erwog, ist eine der großen deutschen Streitschriften gegen die Zensur. Jean Paul, im Erzählen ein Meister der verspielten Abschweifung, geht hier, in der Erledigung aller denkbaren Argumente für die Zensur, systematisch zu Werke. Und wenn er sich am Ende als Zensor der eigenen Werke empfiehlt, tritt eine Figur mit großer Zukunft auf den Plan: die Selbstzensur.

Mit einem Nachwort von N.N.
ISBN: 978-3-86615-412-4
ET: August 2007
ca. 122 Seiten, Ladenpreis: 19,90 Euro (D), 20,50 Euro (A), 34,90 sFr

George Keate / Georg Forster

NACHRICHEN VON DEN PELEW-INSELN

Der englische Schriftsteller George Keate schilderte nach den Tagebüchern des Kapitäns Wilson den Schiffbruch der „Antelope“ vor den Palau-Inseln in der Südsee. Einer der bedeutendsten Weltreisendender deutschen Literatur, Georg Forster, der James Cook bei seiner Weltreise begleitet hatte, übersetzte das Buch in deutsche Prosa. Südsee-Abenteuer und ethnographischer Bericht zugleich, zeigt dieses Buch, welche Entdeckungen die Anna Amalia Bibliothek birgt.

Mit einem Nachwort von
Harald Eggebrecht
ISBN: 978-3-86615-413-1
ET: September 2007
ca. 397 Seiten, Ladenpreis: 29,90 Euro (D), 30,80 Euro (A), 51,90 sFr

Friedrich Schiller

KLEINERE PROSAISCHE SCHRIFTEN

vom Verfasser selbst gesammelt und verbessert (1792)

Als Herausgeber seiner selbst präsentiert Schiller hier die Vielfalt seines Werks: die „Sendung Moses“ und die „Philosophischen Briefe“, den „Verbrecher aus verlorener Ehre“ und das „Spiel des Schicksals“, die Antrittsvorlesung zur Universalgeschichte und die „Briefe über Don Carlos“, die Aufsätze „Etwas über die erste Menschengesellschaft“ und „Über Völkerwanderung, Kreuzzüge und Mittelalter“. Eine Zusammenstellung großartiger Prosa, in der sich der Historiker, der Erzähler und der Dramatiker Schiller begegnen.

Mit einem Nachwort von N.N.
ISBN: 978-3-86615-414-8
ET: September 2007
ca. 251 Seiten, Ladenpreis: 24,90 Euro (D), 25,60 Euro (A), 43,90 sFr

Hafis / Joseph von Hammer

DER DIWAN

Als in diesem Buch der persische Dichter Hafis zum ersten Mal in die deutsche Sprache Eingang fand, gehörte Goethe zu seinen hingebungsvollsten Lesern. Im Dialog mit dieser reich kommentierten Ausgabe des Orientalisten und Diplomaten Joseph von Hammer-Purgstall schrieb er ab 1814 seinen eigenen „Divan“. Nun ist seine Vorlage wieder zu entdecken: eine schöne Rarität.

Mit einem Nachwort von
Martin Mosebach.
ISBN: 978-3-86615-415-5
ET: September 2007
ca. 596 Seiten, Ladenpreis: 29,90 Euro (D), 30,80 Euro (A), 51,90 sFr

Johann Gottfried Herder

LIEDER DER LIEBE

Die ältesten und schönsten aus Morgenlande. Nebst vier und vierzig alten Minneliedern

„Volkspoesie“ – so hieß das Zauberwort, mit dem Johann Gottfried Herder den ältesten, mündlichen Wurzeln der Poesie nachspürte. In diesem reizvollen Band rückt seine Übersetzung des alttestamentarischen Hoheliedes an die Seite der mittelalterlichen deutschen Liebesdichtung: Auch die Bibel gehört zur Weltliteratur.

Mit einem Nachwort von N.N.
ISBN: 978-3-86615-416-2
ET: September 2007
ca. 160 Seiten, Ladenpreis: 19,90 Euro (D), 20,50 Euro (A), 34,90 sFr